Der Anti-Stress-Trainer für Vertriebler

Oliver Schumacher

Der Anti-Stress-Trainer für Vertriebler

Gelassen mit Verkaufsdruck umgehen

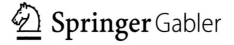

Oliver Schumacher
Lingen, Niedersachsen
Deutschland

ISBN 978-3-658-12476-2   ISBN 978-3-658-12477-9   (eBook)
DOI 10.1007/978-3-658-12477-9

Die Deutsche Nationalbibliothek verzeichnet diese Publikation in der Deutschen Nationalbibliografie; detaillierte bibliografische Daten sind im Internet über http://dnb.d-nb.de abrufbar.

Springer Gabler

Gedruckt auf säurefreiem und chlorfrei gebleichtem Papier

Springer Gabler ist Teil von Springer Nature
Die eingetragene Gesellschaft ist Springer Fachmedien Wiesbaden GmbH
Die Anschrift der Gesellschaft ist: Abraham-Lincoln-Str. 46, 65189 Wiesbaden, Germany

Vorwort

Sehr geehrte Damen, sehr geehrte Herren,

ein Verkaufsalltag ohne unvorhergesehene Momente ist so gut wie unmöglich. Schließlich hat dieser Beruf sehr viel mit Menschen zu tun, welche ihre Wünsche und Ziele höchst unterschiedlich kommunizieren. Nun liegt es entscheidend an uns, den Verkäufern, wie wir darauf reagieren. Aber wir Verkäufer können auch agieren. Denn häufig sind gewisse Situationen absehbar, sodass wir uns darauf auch vorbereiten können. Und umso mehr wir an uns glauben, bzw. die Überzeugung in uns tragen, auch diese Situation bewältigen zu können, desto sicherer und souveräner werden wir. Darum sind ganz entscheidende Faktoren zur Stressreduzierung die Faktoren Reflexion und Vorbereitung: Was lerne ich daraus? Wie gehe ich zukünftig anders vor? Was mache ich jetzt konkret?

Gerade weil Reflexion und Vorbereitung für viele, die im Stress sind, mangels Zeit keine Option sind, freue ich mich umso mehr, dass Sie dieses Buch jetzt lesen. Denn es zeigt, dass Sie Verantwortung übernehmen wollen, sowohl für sich, Ihren Gesprächspartner als auch der Gesprächszielerreichung. Sie werden viele praxiserprobte Tipps und Impulse entdecken, um souveräner und stressfreier zu verkaufen.

Viel Erfolg
wünscht Ihnen

Lingen, Deutschland   Oliver Schumacher

Inhaltsverzeichnis

Über den Autor

 **Oliver Schumacher** ist Verkaufstrainer, Redner und Autor. 2015 gewann der sechsfache Buchautor einen Rednerpreis in New York.

Neben umfangreicher Praxiserfahrung aufgrund seiner mehr als zehnjährigen überdurchschnittlich erfolgreichen Tätigkeit im Verkaufsaußendienst eines großen Markenartiklers mit über 200 Verkäufern verfügt er auch über ein breites theoretisches Wissen. Nebenberuflich erwarb Schumacher zahlreiche Abschlüsse wie Diplom-Betriebswirt (FH) und Sprechwissenschaftler (M.A.). Seine Abschlussarbeiten beschäftigten sich mit den Einflussfaktoren auf die Wirksamkeit von Vertriebstrainings sowie den Einflussgrößen auf die Beziehungsgestaltung zwischen Verkäufer und Kunde beim persönlichen Erstkontakt.

2015 erschien im Springer Gabler Verlag sein erstes Buch „Was viele Verkäufer nicht zu fragen wagen – 100 Tipps für bessere Verkaufsresultate im Außendienst" in der dritten erweiterten Auflage.

2016 erschien ebenfalls bei Springer Gabler sein zweites Buch „Verkaufen auf Augenhöhe – Wertschätzend kommunizieren und Kunden nachhaltig überzeugen – ein Workbook" in der dritten erweiterten Auflage.

Zahlreiche Tipps und Ideen gibt er auch auf seinem Youtube-Kanal.

Kontakt:
Oliver Schumacher
Katharinenstraße 3
49809 Lingen/Ems
www.oliver-schumacher.de
os@oliver-schumacher.de

1

Kleine Stresskunde: Das Adrenalinzeitalter

Peter Buchenau

Das Konzept der Reihe

Möglicherweise kennen Sie bereits meinen Anti-Stress-Trainer (Buchenau 2014). Das vorliegende Kapitel greift darauf zurück, weil das Konzept der neuen Anti-Stress-Trainer-Reihe die Tipps, Herausforderungen und Ideen aus meinem Buch mit den jeweiligen Anforderungen der unterschiedlichen Berufsgruppen verbindet. Die Autoren, die jeweils aus Ihrem Jobprofil kommen, schneiden diese Inhalte dann für Sie zu. Viel Erfolg und passen Sie auf sich auf.

1.1 Leben auf der Überholspur

Sie leben unter der Diktatur des Adrenalins. Sie suchen immer den neuen Kick, und das nicht nur im beruflichen Umfeld. Selbst in der Freizeit, die Ihnen eigentlich

© Springer Fachmedien Wiesbaden GmbH 2017
O. Schumacher, *Der Anti-Stress-Trainer für Vertriebler*,
DOI 10.1007/978-3-658-12477-9_1

Ruhephasen vom Alltagsstress bringen sollte, kommen Sie nicht zur Ruhe. Mehr als 41 % aller Beschäftigten geben bereits heute an, sich in der Freizeit nicht mehr erholen zu können. Tendenz steigend. Wen wundert es?

Anstatt sich mit Power-Napping (Kurzschlaf) oder Extrem-Coaching (Gemütlichmachen) in der Freizeit Ruhe und Entspannung zu gönnen, macht die Gesellschaft vermehrt Extremsportarten wie Fallschirmspringen, Paragliding, Extremclimbing oder Marathon zu ihren Hobbys. Jugendliche ergeben sich dem Komasaufen, der Einnahme von verschiedensten Partydrogen oder verunstalten ihr Äußeres massiv durch Tattoos und Piercing. Sie hasten nicht nur mehr und mehr atemlos durchs Tempoland Freizeit, sondern auch durch das Geschäftsleben. Ständige Erreichbarkeit heißt die Lebenslösung. Digitalisierung und mobile virtuelle Kommunikation über die halbe Weltkugel bestimmen das Leben. Wer heute seine E-Mails nicht überall online checken kann, wer heute nicht auf Facebook, Instagram & Co. ist, ist out oder schlimmer noch, der existiert nicht.

Klar, die Anforderungen im Beruf werden immer komplexer. Die Zeit überholt uns, engt uns ein, bestimmt unseren Tagesablauf. Viel Arbeit, ein Meeting jagt das nächste, und ständig klingelt das Smartphone. Multitasking ist angesagt, und wir wollen so viele Tätigkeiten wie möglich gleichzeitig erledigen.

Schauen Sie sich doch mal in Ihren Meetings um. Wie viele Angestellte in Unternehmen beantworten in solchen Treffen gleichzeitig ihre E-Mails oder schreiben WhatsApp-Nachrichten? Kein Wunder, dass diese Mitarbeiter dann nur die Hälfte mitbekommen und Folgemeetings notwendig sind. Ebenfalls kein Wunder, dass das Leben einem davonrennt. Aber wie sagt schon ein altes chinesisches Sprichwort: „Zeit hat nur der, der sich auch Zeit nimmt." Zudem ist es unhöflich, seinem Gesprächspartner nur halb zuzuhören.

Das Gefühl, dass sich alles zum Besseren wendet, wird sich mit dieser Einstellung nicht einstellen. Im Gegenteil: Alles wird noch rasanter und flüchtiger. Müssen Sie dafür Ihre Grundbedürfnisse vergessen? Wurden Sie mit Stress oder Burn-out geboren? Nein, sicherlich nicht. Warum müssen Sie sich dann den Stress antun?

Zum Glück gibt es dazu das Adrenalin. Das Superhormon, die Superdroge der High-Speed-Gesellschaft. Bei Chemikern und Biologen auch unter $C_9H_{13}NO_3$ bekannt. Dank Adrenalin schuften Sie wie ein Hamster im Rad. Schneller und schneller und noch schneller. Sogar die Freizeit läuft nicht ohne Adrenalin. Der Stress hat in den letzten Jahren dramatisch zugenommen und somit auch die Adrenalinausschüttung in Ihrem Körper.

Schon komisch: Da produzieren Sie massenhaft Adrenalin und können dieses so schwer erarbeitete Produkt nicht verkaufen. Ja, nicht mal verschenken können Sie es. In welcher Gesellschaft leben Sie denn überhaupt, wenn Sie für ein produziertes Produkt keine Abnehmer finden?

Deshalb die Frage aus betriebswirtschaftlicher Sicht an alle Unternehmer, Führungskräfte und Selbstständigen: Warum produziert Ihr ein Produkt, das Ihr nicht am Markt verkaufen könnt? Wärt Ihr meine Angestellten, würde ich Euch wegen Unproduktivität und Fehleinschätzung des Marktes feuern.

Stress kostet Unternehmen und Privatpersonen viel Geld. Gemäß einer Studie der Europäischen Beobachtungsstelle für berufsbedingte Risiken (mit Sitz in Bilbao) vom 04.02.2008 leidet jeder vierte EU-Bürger unter arbeitsbedingtem Stress. Im Jahre 2005 seien 22 % der europäischen Arbeitnehmer von Stress betroffen gewesen, ermittelte die Institution. Abgesehen vom menschlichen Leid bedeutet das auch, dass die wirtschaftliche Leistungsfähigkeit der Betroffenen in erheblichem Maße beeinträchtigt ist. Das kostet Unternehmen bares Geld. Schätzungen zufolge betrugen die Kosten, die der Wirtschaft in Verbindung mit arbeitsbedingtem Stress entstehen, 2002 in den damals noch 15 EU-Ländern 20 Mrd. EUR. 2006 schätzte das betriebswirtschaftliche Institut der Fachhochschule Köln diese Zahl alleine in Deutschland auf 80 bis 100 Mrd. EUR.

60 % der Fehltage gehen inzwischen auf Stress zurück. Stress ist mittlerweile das zweithäufigste arbeitsbedingte Gesundheitsproblem. Nicht umsonst hat die Weltgesundheitsorganisation WHO Stress zur größten Gesundheitsgefahr im 21. Jahrhundert erklärt. Viele Verbände wie zum Beispiel der Deutsche Managerverband haben Stress und Burn-out auch zu zentralen Themen ihrer Verbandsarbeit erklärt.

1.2   Was sind die Ursachen?

Die häufigsten Auslöser für den Stress sind der Studie zufolge unsichere Arbeitsverhältnisse, hoher Termindruck, unflexible und lange Arbeitszeiten, Mobbing und nicht zuletzt die Unvereinbarkeit von Beruf und Familie. Neue Technologien, Materialien und Arbeitsprozesse bringen der Studie zufolge ebenfalls Risiken mit sich.

Meist Arbeitnehmer, die sich nicht angemessen wertgeschätzt fühlen und auch oft unter- beziehungsweise überfordert sind, leiden unter Dauerstress. Sie haben ein doppelt so hohes Risiko, an einem Herzinfarkt oder einer Depression zu erkranken. Anerkennung und die Perspektive, sich in einem sicheren Arbeitsverhältnis weiterentwickeln zu können, sind in diesem Umfeld viel wichtiger als nur eine angemessene Entlohnung. Diesen Wunsch vermisst man meist in öffentlichen Verwaltungen, in Behörden sowie Großkonzernen. Gewalt und Mobbing sind oft die Folge.

Gerade in Zeiten von Wirtschaftskrisen bauen Unternehmen und Verwaltungen immer mehr Personal ab. Hetze und Mehrarbeit aufgrund von Arbeitsverdichtung sind die Folge. Zieht die Wirtschaft wieder an, werden viele offene Stellen nicht mehr neu besetzt. Das Ergebnis: Viele Arbeitnehmer leisten massive Überstunden. 59 % haben Angst um ihren Job oder ihre Position im Unternehmen, wenn sie diese Mehrarbeit nicht erbringen, so die Studie.

Weiter ist bekannt, dass Druck (also Stress) Gegendruck erzeugt. Druck und Mehrarbeit über einen langen Zeitraum führen somit zu einer Produktivitäts-Senkung. Gemäß einer Schätzung des Kölner Angstforschers Wilfried Panse leisten Mitarbeiter schon lange vor einem Zusammenbruch 20 bis 40 % weniger als gesunde Mitarbeiter.

Wenn Vorgesetzte in diesen Zeiten zudem Ziele schwach oder ungenau formulieren und gleichzeitig Druck ausüben, erhöhen sich die stressbedingten Ausfallzeiten, die dann von den etwas stressresistenteren Mitarbeitern aufgefangen werden müssen. Eine Spirale, die sich immer tiefer in den Abgrund bewegt.

Im Gesundheitsbericht der Deutschen Angestellten Krankenkasse (DAK) steigt die Zahl der psychischen Erkrankungen massiv an und jeder zehnte Fehltag geht auf das Konto stressbedingter Krankheiten. Gemäß einer Studie des DGB bezweifeln 30 % der Beschäftigten, ihr Rentenalter im Beruf zu erreichen. Frühverrentung ist die Folge. Haben Sie sich mal für Ihr Unternehmen gefragt, wie viel Geld Sie in Ihrem Unternehmen für durch Stress verursachte Ausfallzeiten bezahlen? Oder auf den einzelnen Menschen bezogen: Wie viel Geld zahlen Sie für Ihre Krankenversicherung und welche Gegenleistung bekommen Sie von der Krankenkasse dafür?

Vielleicht sollten die Krankenkassen verstärkt in die Vermeidung stressverursachender Aufgaben und Tätigkeiten investieren anstatt Milliarden unüberlegt in die Behandlung von gestressten oder bereits von Burn-out betroffenen Menschen zu stecken. In meiner Managerausbildung lernte ich bereits vor 20 Jahren: „Du musst das Problem an der Wurzel anpacken." Vorbeugen ist immer noch besser als reparieren.

Beispiel: Bereits 2005 erhielt die London Underground den Unum Provident Healthy Workplaces Award (frei übersetzt: den Unternehmens-Gesundheitsschutz-Präventionspreis) der britischen Regierung. Alle 13.000

Mitarbeiter der London Underground wurden ab 2003 einem Stress-Regulierungsprogramm unterzogen. Die Organisation wurde angepasst, die Vorgesetzten auf Früherkennung und stress reduzierende Arbeitstechniken ausgebildet, und alle Mitarbeiter wurden über die Gefahren von Stress und Burn-out aufgeklärt. Das Ergebnis war verblüffend. Die Ausgaben, bedingt durch Fehlzeiten der Arbeitnehmer, reduzierten sich um 455.000 britische Pfund, was einem Return on Invest von 1:8 entspricht. Mit anderen Worten: Für jedes eingesetzte britische Pfund fließen acht Pfund wieder zurück ins Unternehmen. Eine erhöhte Produktivität des einzelnen Mitarbeiters war die Folge. Ebenso verbesserte sich die gesamte Firmenkultur. Die Mitarbeiter erlebten einen positiven Wechsel in Gesundheit und Lifestyle.

Wann hören Sie auf, Geld aus dem Fenster zu werfen? Unternehmer, Führungskräfte, Personalverantwortliche und Selbstständige müssen sich deshalb immer wieder die Frage stellen, wie Stress im Unternehmen verhindert oder gemindert werden kann, um Kosten zu sparen und um somit die Produktivität und Effektivität zu steigern. Doch anstatt in Stresspräventionstrainings zu investieren, stehen landläufig weiterhin die Verkaufs- und Kommunikationsfähigkeiten des Personals im Fokus. Dabei zahlt sich, wie diese Beispiele beweisen, Stressprävention schnell und nachhaltig aus: Michael Kastner, Leiter des Instituts für Arbeitspsychologie und Arbeitsmedizin in Herdecke, beziffert die Rentabilität: „Eine Investition von einem Euro in eine moderne Gesundheitsförderung zahlt sich nach drei Jahren mit mindestens 1,8 Euro aus."

1.3 Überlastet oder gar schon gestresst?

Modewort Stress … Der Satz „Ich bin im Stress" ist anscheinend zum Statussymbol geworden, denn wer so viel zu tun hat, dass er gestresst ist, scheint eine gefragte und wichtige Persönlichkeit zu sein. Stars, Manager, Politiker gehen hier mit schlechtem Beispiel voran und brüsten sich in der Öffentlichkeit damit, „gestresst zu sein". Stress scheint daher beliebt zu sein und ist immer eine willkommene Ausrede.

Es gehört zum guten Ton, keine Zeit zu haben, sonst könnte ja Ihr Gegenüber meinen, Sie täten nichts, seien faul, hätten wahrscheinlich keine Arbeit oder seien ein Versager. Überprüfen Sie mal bei sich selbst oder in Ihrem unmittelbaren Freundeskreis die Wortwahl: Die Mutter hat Stress mit ihrer Tochter, die Nachbarn haben Stress wegen der neuen Garage, der Vater hat Stress, weil er die Winterreifen wechseln muss, der Arbeitsweg ist stressig, weil so viel Verkehr ist, der Sohn kann nicht zum Sport, weil die Hausaufgaben ihn stressen, der neue Hund stresst, weil die Tochter, für die der Hund bestimmt war, Stress mit ihrer besten Freundin hat – und dadurch keine Zeit.

Ich bin gespannt, wie viele banale Erlebnisse Sie in Ihrer Familie und in Ihrem Freundeskreis entdecken.

Gewöhnen sich Körper und Geist an diese Bagatellen, besteht die Gefahr, dass wirkliche Stress- und Burnout-Signale nicht mehr erkannt werden. Die Gefahr, in die Stress-Spirale zu geraten, steigt. Eine Studie des Schweizer Staatssekretariats für Wirtschaft aus dem Jahr

2000 untermauerte dies bereits damit, dass sich 82 % der Befragten gestresst fühlen, aber 70 % ihren Stress im Griff haben. Entschuldigen Sie meine provokante Aussage: Dann haben Sie keinen Stress.

Überlastung ... Es gibt viele Situationen von Überlastung. In der Medizin, Technik, Psyche, Sport et cetera hören und sehen wir jeden Tag Überlastungen. Es kann ein Boot sein, welches zu schwer beladen ist. Ebenso aber auch, dass jemand im Moment zu viel Arbeit, zu viele Aufgaben, zu viele Sorgen hat oder dass ein System oder ein Organ zu sehr beansprucht ist und nicht mehr richtig funktioniert. Beispiel kann das Internet, das Stromnetz oder das Telefonnetz sein, aber auch der Kreislauf oder das Herz.

Die Fachliteratur drückt es als „momentan über dem Limit" oder „kurzzeitig mehr als erlaubt" aus. Wichtig ist hier das Wörtchen „momentan". Jeder von uns Menschen ist so gebaut, dass er kurzzeitig über seine Grenzen hinausgehen kann. Jeder von Ihnen kennt das Gefühl, etwas Besonders geleistet zu haben. Sie fühlen sich wohl dabei und sind meist hinterher stolz auf das Geleistete. Sehen Sie Licht am Horizont und sind Sie sich bewusst, welche Tätigkeit Sie ausführen und zudem, wie lange Sie an einer Aufgabe zu arbeiten haben, dann spricht die Stressforschung von Überlastung und nicht von Stress. Also dann, wenn der Vorgang, die Tätigkeit oder die Aufgabe für Sie absehbar und kalkulierbar ist. Dieser Vorgang ist aber von Mensch zu Mensch unterschiedlich. Zum Beispiel fühlt sich ein Marathonläufer nach 20 km überhaupt nicht überlastet, aber der übergewichtige Mensch, der Schwierigkeiten hat, zwei Stockwerke hochzusteigen, mit

Sicherheit. Für ihn ist es keine Überlastung mehr, für ihn ist es Stress.

1.4   Alles Stress oder was?

Stress … Es gibt unzählige Definitionen von Stress und leider ist eine Eindeutigkeit oder eine Norm bis heute nicht gegeben. Stress ist individuell, unberechenbar, nicht greifbar. Es gibt kein Allheilmittel dagegen, da jeder Mensch Stress anders empfindet und somit auch die Vorbeuge- und Behandlungsmaßnahmen unterschiedlich sind.

Nachfolgende fünf Definitionen bezüglich Stress sind richtungsweisend:

„Stress ist ein Zustand der Alarmbereitschaft des Organismus, der sich auf eine erhöhte Leistungsbereitschaft einstellt" (Hans Seyle 1936; ein ungarisch-kanadischer Zoologe, gilt als der Vater der Stressforschung).

„Stress ist eine Belastung, Störung und Gefährdung des Organismus, die bei zu hoher Intensität eine Überforderung der psychischen und/oder physischen Anpassungskapazität zur Folge hat" (Frederic Vester 1976).

„Stress gibt es nur, wenn Sie ‚Ja' sagen und ‚Nein' meinen" (Reinhard Sprenger 2000).

„Stress wird verursacht, wenn du ‚hier' bist, aber ‚dort' sein willst, wenn du in der Gegenwart bist, aber in der Zukunft sein willst" (Eckhard Tolle 2002).

„Stress ist heute die allgemeine Bezeichnung für körperliche und seelische Reaktionen auf äußere oder innere Reize, die wir Menschen als anregend oder belastend empfinden. Stress ist das Bestreben des Körpers, nach einem irritierenden Reiz so schnell wie möglich wieder ins Gleichgewicht zu kommen" (Schweizer Institut für Stressforschung 2005).

Bei allen fünf Definitionen gilt es zu unterscheiden zwischen negativem Stress – ausgelöst durch im Geiste unmöglich zu lösende Situationen – und positivem Stress, welcher in Situationen entsteht, die subjektiv als lösbar wahrgenommen werden. Sobald Sie begreifen, dass Sie selbst über das Empfinden von freudvollem Stress (Eu-Stress) und leidvollem Stress (Di-Stress) entscheiden, haben Sie Handlungsspielraum.

Bei **positivem Stress** wird eine schwierige Situation als positive Herausforderung gesehen, die es zu bewältigen gilt und die Sie sogar genießen können. Beim positiven Stress sind Sie hoch motiviert und konzentriert. Stress ist hier die Triebkraft zum Erfolg.

Bei **negativem Stress** befinden Sie sich in einer schwierigen Situation, die Sie noch mehr als völlig überfordert. Sie fühlen sich der Situation ausgeliefert, sind hilflos, und es werden keine Handlungsmöglichkeiten oder Wege aus der Situation gesehen. Langfristig macht dieser negative Stress krank und endet oft im Burn-out.

1.5   Burn-out – die letzte Stressstufe

Burn-out … Als letzte Stufe des Stresses tritt das sogenannte Burn-out auf. Nun hilft keine Medizin und Prävention mehr; jetzt muss eine langfristige Auszeit unter professioneller Begleitung her. Ohne fremde Hilfe können

Sie der Burn-out-Spirale nicht entkommen. Die Wiedereingliederung eines Burn-out-Klienten zurück in die Arbeitswelt ist sehr aufwendig. Meist gelingt das erst nach einem Jahr Auszeit, oft auch gar nicht.

Nach einer Studie der Freiburger Unternehmensgruppe Saaman aus dem Jahr 2007 haben 45 % von 10.000 befragten Managern Burn-out-Symptome. Die gebräuchlichste Definition von Burn-out stammt von Maslach & Jackson aus dem Jahr 1986: „Burn-out ist ein Syndrom der emotionalen Erschöpfung, der Depersonalisation und der reduzierten persönlichen Leistung, das bei Individuen auftreten kann, die auf irgendeine Art mit Leuten arbeiten oder von Leuten beeinflusst werden."

Burn-out entsteht nicht in Tagen oder Wochen. Burn-out entwickelt sich über Monate bis hin zu mehreren Jahren, stufenweise und fortlaufend mit physischen, emotionalen und mentalen Erschöpfungen. Dabei kann es immer wieder zu zwischenzeitlicher Besserung und Erholung kommen. Der fließende Übergang von der normalen Erschöpfung über den Stress zu den ersten Stadien des Burn-outs wird oft nicht erkannt, sondern als „normale" Entwicklung akzeptiert. Reagiert der Betroffene in diesem Zustand nicht auf die Signale, die sein Körper ihm permanent mitteilt und ändert der Klient seine inneren oder äußeren Einfluss- und Stressfaktoren nicht, besteht die Gefahr einer sehr ernsten Erkrankung. Diese Signale können dauerhafte Niedergeschlagenheit, Ermüdung, Lustlosigkeit, aber auch Verspannungen und Kopfschmerzen sein. Es kommt zu einer kreisförmigen, gegenseitigen Verstärkung der einzelnen Komponenten. Unterschiedliche

Forschergruppen haben auf der Grundlage von Beobachtungen den Verlauf in typische Stufen unterteilt.

Wollen Sie sich das alles antun?

Leider ist Burn-out in den meisten Unternehmen ein Tabuthema – die Dunkelziffer ist groß. Betroffene Arbeitnehmer und Führungskräfte schieben oft andere Begründungen für ihren Ausfall vor – aus Angst vor negativen Folgen, wie zum Beispiel dem Verlust des Arbeitsplatzes. Es muss ein Umdenken stattfinden!

Wen kann es treffen? Theoretisch sind alle Menschen gefährdet, die nicht auf die Signale des Körpers achten. Vorwiegend trifft es einsatzbereite und engagierte Mitarbeiter, Führungskräfte und Selbstständige. Oft werden diese auch von Vorgesetzten geschätzt, von Kollegen bewundert, vielleicht auch beneidet. Solche Menschen sagen auch nie „nein"; deshalb wachsen die Aufgaben, und es stapeln sich die Arbeiten. Dazu kommt oft, dass sich Partner, Freunde und Kinder über zu wenig Zeit und Aufmerksamkeit beklagen. Wie Sie „Nein" sagen erlernen, erfahren Sie später.

Aus eigener Erfahrung kann ich sagen, dass der Weg zum Burn-out anfänglich mit kleinsten Hinweisen gepflastert ist, kaum merkbar, unauffällig, vernachlässigbar. Es bedarf einer hohen Achtsamkeit, um diese Signale des Körpers und der realisierenden Umwelt zu erkennen. Kleinigkeiten werden vergessen und vereinbarte Termine werden immer weniger eingehalten. Hobbys und Sport werden – wie bei mir geschehen – erheblich vernachlässigt. Auch mein Körper meldete sich Ende der neunziger Jahre mit leisen Botschaften: Schweißausbrüche, Herzrhythmusstörungen, schwerfällige Atmung und unruhiger Schlaf waren die Symptome, die anfänglich nicht von mir beachtet wurden.

Abschlusswort

Eigentlich ist Burn-out- oder Stressprävention für Vertriebler ganz einfach. Tipps gibt es überall und Zeit dazu auch. Sie, ja Sie, Sie müssen es einfach nur tun. Viel Spaß und Unterhaltung beim nun folgenden Beitrag von Oliver Schumacher.

Literatur

Buchenau P (2014) Der Anti-Stress-Trainer. Springer, Wiesbaden

2

Nie mehr Stress im Verkauf – geht das überhaupt?

Nein. Gerade von Verkäufern wird enorm viel verlangt. Schließlich bestimmen sie mit ihrer Arbeitsweise und dem damit einhergehenden Erfolg entscheidend die Zukunft der gesamten Unternehmung. Druck im Verkauf ist somit normal. Es gehört für die Mehrheit zur Normalität, dass sie Zielzahlen bekommen, ihre Ergebnisse gemessen werden und es auch Sanktionen in Form von Tadel und/oder Gehaltseinbußen gibt, wenn das Ziel nicht erreicht wird. Im Verkauf ist schnell klar, wer zu den Leistungsträgern gehört – und wer hinterherhinkt. Man kann nicht einfach sagen, dass „schwache" Verkäufer mehr Stress haben, wie ihre erfolgreicheren Kollegen. Auch viele Top-Verkäufer haben Stress. Denn der Druck schlägt erst dann in Stress um, wenn entsprechende Emotionen vorherrschen: Jeder Verkäufer macht sich andere Gedanken und schlägt unterschiedliche Wege ein, um eine optimale Balance zwischen

© Springer Fachmedien Wiesbaden GmbH 2017
O. Schumacher, *Der Anti-Stress-Trainer für Vertriebler,*
DOI 10.1007/978-3-658-12477-9_2

den zahlreichen eigenen und fremden Vorgaben, Erwartungen und Wünsche zu bekommen. Eine permanente harmonische Balance zwischen allen Punkten ist nicht möglich. Erst recht, weil Verkaufen viel mit unterschiedlichen Menschen zu tun hat, deren Vorgehensweisen wohl nie berechenbar sind.

Einflussgrößen/Stressoren im Verkauf

Der Arbeitgeber
Wie ist seine Unternehmensphilosophie? Wie entschlossen strebt er seine Ziele an? Wie ist es um seinen Ruf bestellt? Was passiert mit Mitarbeitern, die ihre Ziele nicht erreichen? Welches Entlohnungs- und Karrieresystem liegt vor? In welcher Form unterstützt der Arbeitgeber seine Mitarbeiter, damit diese sicherer ihren Anforderungen gerecht werden können? Welches Image hat er?

Das Leistungsangebot
Wie gut sind die zu verkaufenden Produkte/Dienstleistungen tatsächlich? Wie „schwer" sind diese im Markt zu platzieren? Welche Möglichkeiten hat der Verkäufer, um auf Reklamationen zu reagieren? Mit welchen Materialien/Unterlagen wird er beim Verkauf unterstützt?

Die Führungskraft
Wie fördert die Führungskraft ihre Verkäufer, damit diese ihre Ziele erreichen? Wie gut ist die „Chemie" zwischen den Verkäufern als Gesamtes und zwischen dem Einzelnen? Wie verhält sie sich, wenn Fehler passieren/Ziele gefährdet sind? Wie verlässlich ist die Führungskraft? Wie wird Kritik geübt? Welche Tätigkeiten über das Verkaufen hinaus

werden noch eingefordert (bspw. im Ladengeschäft Bestellungen ausführen, Sauberkeit, Statistik) – halten diese eher vom Verkaufen ab oder unterstützen sie das Verkaufen?

Die Kollegen
Wie intensiv unterstützen sich Kollegen gegenseitig? Wer ist für was verantwortlich? Sind die Kollegen verlässlich? Wie ist das Betriebsklima? Wie gehen „erfolgreiche" Verkäufer mit „schwachen" Kollegen um – und umgekehrt? Wie hoch ist die durchschnittliche Betriebszugehörigkeit?

Die Kunden
Wie viele Kunden sind am Tag zu bedienen/besuchen? Wie zeitintensiv fällt die Betreuung aus? Wie ist die „Chemie" zwischen Kunden und Verkäufer? Wie verhalten sich die Kunden gegenüber den Verkäufern – eher freundlich/fair oder herablassend/dominant? Wie sieht der Einkaufsprozess aus? Gibt es viele potenzielle Kunden, oder nur wenige, sodass aufgrund der Zielzahlen Verkaufsdruck entsteht?

Die Mitbewerber
Wie aktiv sind die Mitbewerber des Verkäufers? Welche Möglichkeiten hat der Verkäufer, dem etwas entgegensetzen zu können? Wem fühlt sich der Verkäufer über- als auch unterlegen?

Der Verkäufer
Sieht der Verkäufer in seinem Beruf eher eine Belastung oder eher eine Bereicherung? Wie geht dieser mit Fehlschlägen, Druck und Stress um? Weiß dieser, wie er seine Ziele erreichen kann – und glaubt er daran? Steht er unter

extremen Leistungsdruck, um genügend Einkommen zu generieren? Bekommt der Verkäufer genügend Zeit, um seine Verkaufsziele zu erreichen, oder werden auch Tätigkeiten von ihm verlangt, die ihn vom Verkaufen eher abhalten?

Privates Umfeld

Wie stehen Familie und Freunde zu der Tätigkeit des Verkäufers? Fördern diese sein Engagement für die Arbeit, oder reduzieren diese es eher? Welche Prioritäten und Ziele haben diese in ihrem Leben? Wie intensiv fordert die Familie Zeit für sich ein, bzw. lässt den Verkäufer arbeiten? Hat der Verkäufer in seinem Umfeld eher Kontakt zu „erfolgreichen" Verkäufern, die wissen, wie erfolgreiches Verkaufen geht, oder eher zu „schwachen"? Wie denkt der Verkäufer über sein privates Umfeld?

Entscheidend für Ihren Stresspegel ist, wie Sie vor, während und nach gewissen Situationen reagieren. Dieses Buch zeigt Ihnen, wie Sie typische stress auslösende Situationen im Verkauf souveräner und damit sicherer bewältigen und sich selbst als Mensch mehr bewusst werden. Umso sicherer Sie sich fühlen – also im Inneren ruhen – desto weniger negativen Stress werden Sie erleben. Wichtig ist nur, dass Sie mit dieser Arbeit an sich selbst anfangen. Am besten sofort. Und bitte nicht nur mal 2 h, um dann wieder in den alten Trott zu verfallen, sondern konsequent. Fangen Sie gezielt bei einer Sache an – und bleiben Sie am Ball. Die ersten Erfolge ziehen schnell weitere Erfolge nach sich – und geben Motivation und Selbstvertrauen.

Nachfolgend zwei Beispiele, wie es im Verkauf zu Stress kommen kann.

3

Stress im Verkaufsalltag – zwei Beispiele

3.1 Lutz, Bezirksleiter für die Kosmetikindustrie

Vor zwei Jahren fing Lutz an, bei seinem neuen Arbeitgeber im Verkaufsaußendienst zu arbeiten. Nachdem er selbst Haarkosmetik für einen Konzern an den Einzelhandel verkaufte, wollte er nun bei seinem neuen Arbeitgeber, ebenfalls ein Konzern, Haarkosmetik an Friseure verkaufen. Ihn reizte die neue Aufgabe, weil er sich dachte, dass es bestimmt einfacher und schöner sei, Friseurunternehmern sein Angebot schmackhaft zu machen, als Listungsgespräche mit professionellen Einkäufern vom Einzelhandel zu führen.

Nach ein paar Mitreisen zur Einarbeitung mit seinen „alten" Kollegen bekam er seinen eigenen Bezirk. Entgegen der Zusage im Einstellungsgespräch war dieser 100 km von seinem Heimatort entfernt. So musste er stets

© Springer Fachmedien Wiesbaden GmbH 2017
O. Schumacher, *Der Anti-Stress-Trainer für Vertriebler,*
DOI 10.1007/978-3-658-12477-9_3

früh losfahren, um seine täglichen Besuchsziele zu erreichen – zwischen 12 und 16 Salons. Recht schnell wurde ihm klar, dass er einen „schlechten" Bezirk bekam. Vor ihm waren bereits vier Verkäufer innerhalb von fünf Jahren in seinem Bezirk „aktiv" gewesen. Somit musste er also viel Zeit investieren, um Vertrauen aufzubauen – und auch, um Altlasten seiner Vorgänger zu beseitigen. Viele Salons aus seinem Bezirk haben sich mittlerweile frustriert an andere Anbieter gewandt. Da er ein – wenn auch niedriges – Festgehalt bekam, hatte er die Zuversicht, in 3 Jahren seinen Bezirk „im Griff" zu haben, um dann für seine rund 55 bis 65 Arbeitsstunden in der Woche auch angemessen durch Erfolgsprämien bezahlt zu werden. Problematisch wurde es aber, als sein Bezirk einem neuen Regionalverkaufsleiter zugeordnet worden ist, der den Anspruch hatte, erfolgreichster Verkaufsleiter in Deutschland zu werden. Nahezu jeden Tag – und auch manchmal am Abend gegen 21 Uhr – klingelte das Telefon: „Lutz, ich brauche von Dir bessere Zahlen! Bist Du überhaupt rausgefahren?". Doch woher nehmen? Etwa Kunden betrügen? Der Druck von allen Seiten machte ihn zunehmend fertig: Viele Kunden waren ihm gegenüber noch sehr verschlossen. Was ihn besonders ärgerte, war, dass viele Friseure noch mit „seinen" Produkten arbeiteten – aber nicht von ihm kauften. Denn zur Konzernstrategie seines Arbeitgebers gehörte es, auch den Großhandel zu beliefern. Und statt dass die Friseure dann von ihm direkt die Ware bezogen, kauften diese es zu ähnlichen Preisen lieber dort. Aber sein Erfolg wurde ausschließlich daran gemessen, was er direkt verkaufte. Was der Großhandel an Produkten aus seinem Hause verkaufte, zählte nicht. Der Großhandel wurde zwar von seinem Arbeitgeber beliefert, aber letztlich war der Großhändler vor Ort ein Mitbewerber, wie jeder Kosmetikvertreter von anderen Unternehmen auch.

Seine Familie machte zunehmend Unruhe. Sätze wie „Lutz, warum tust Du Dir das an? Wann wird das alles endlich besser?" schlugen ihm oft entgegen. Die Kollegen, die letztlich mit ihm auch ein Teamziel zu erreichen hatten, wurden ihm gegenüber immer verschlossener. Denn sie wussten: Umso größer sein Defizit ist, desto mehr mussten sie machen, damit es „unterm Strich" auf Teamebene stimmt. Er spürte häufig bei den Tagungen komische Blicke – und hatte oft den Eindruck, dass er Gesprächsthema Nummer eins war, wenn die Kollegen plötzlich schallend in den Pausen lachten oder lästerten.

Doch was soll er nur machen? Er merkt, wie ihn das Ganze belastet. Zunehmend wird er gereizter, traut sich immer weniger E-Mails abzurufen, weil ja wieder neue Vorwürfe seines Vorgesetzten dazwischen sein könnten – und hat irgendwie schon gar keine Lust mehr, rauszufahren. Und wenn er dann rausgefahren ist, was er trotzdem weiterhin macht, hat er immer weniger Lust nach Hause zu kommen, weil dann viel Büroarbeit auf ihn wartet – und seine missmutige Familie …

3.2 Anita, Verkäuferin bei einem Brillen-Discounter

Anita arbeitet als 450-Euro-Kraft im Verkauf für einen Discounter, der günstig Brillen anbietet. Eine Vollzeitstelle hat sie nicht bekommen.

Sie kennt sich mit Brillen nicht sonderlich aus, hat aber ein halbtägiges Seminar bei ihrem Arbeitgeber in der Zentrale besucht, damit sie über gewisse Grundlagen verfügt. Was sie weiß, ist, dass sie verkaufen soll. „Einfach den Kunden das Angebot schmackhaft machen, dann nehmen die auch gleich 2 Stück", sagte ihre Führungskraft bei der Einstellung. Einmal in der Woche werden die Rennlisten aus der Zentrale ausgehängt: Welche Filiale steht an welchem Platz? Wer hat wie viel verkauft? Tipps und Anregungen, wie sie mehr verkauft, bekommt sie so gut wie nie. Wenn, dann nur auf Eigeninitiative, nämlich, wenn sie ihre erfahrenere Kollegin fragt, die die Filiale seit einem halben Jahr leitet. Diese Filialleitung hat selbst keine Führungserfahrung, aber die Stelle musste einfach besetzt werden – und nun ist eine 25-Jährige ihre Chefin.

Monatlich kommt der Testkäufer. Ist alles sauber? Wurden die Kunden freundlich begrüßt? Ist er auf das Angebot des Monats hingewiesen worden? Jedes Mal kommt eine andere Person zum Testen rein, häufig merken aber schon die Mitarbeiter von Anfang an aufgrund der Fragen, dass es sich mit hoher Wahrscheinlichkeit um den Testkäufer handelt. Dann bloß nicht vergessen, ihm ein Brillenetui für 20 EUR anzubieten – denn sonst gibt es Minuspunkte.

Warum hat sie Stress? Weil sie zum einen nicht weiß, wie sie ihre Verkaufsziele erreichen soll und zum anderen fürchtet, dass sie beim Testkäufer patzt. Denn dieser bewertet 6 Punkte – und zwar sehr schwarz/weiß: Ist die Antwort bzw. das Verhalten aus Sicht des Testkäufers

richtig, gibt es 100 % – also bestanden – oder andernfalls 0 %. Dazwischen gibt es nichts. Und wenn bei einem
Testkauf von zwölf im Jahr bei nur einem Punkt nicht
vorgabengemäß gearbeitet wird, dann hat ihre Chefin
ein Problem. Denn diese muss sich dann auf der nächsten Filialleitertagung anhören, warum sie ihre Mitarbeiter
nicht im Griff hat.

Dass Anita, obwohl sie im Monat nur 30 h für
8,84 EUR bezahlt bekommt, insgesamt 40 h arbeitet,
findet sie mittlerweile gar nicht mehr so schlimm. Denn
sie wird nun mal nur bis zum Ladenschluss um 20 Uhr
bezahlt – und muss dann nach Feierabend die Kasse
machen, den Laden durchfegen und Statistiken mailen.
Und falls sie Frühschicht hat, dann muss sie mindestens
eine halbe Stunde vor Ladenöffnung vor Ort sein, um die
Kasse hochzufahren – unbezahlt natürlich. Die Bezirks-
leitung, die alle 6 Wochen spontan vorbeikommt, ach-
tet genau darauf, ob die Kassen rechtzeitig hochgefahren
worden sind. Das kann sie nämlich an den Bonrollen
erkennen, denn die Uhrzeit, wann die Kasse an- und aus-
geschaltet wird, schreibt der Kassendrucker automatisch
drauf. Häufig freut sie sich, wenn sie 5 h am Stück arbeiten darf. Dann fällt das Busfahrticket für 4,80 EUR (hin
und zurück) nicht ganz so ins Gewicht, als wenn sie nur
3 h arbeitet.

Einfach kündigen will sie auch nicht, denn wie sieht das
denn im Lebenslauf aus? Und ist es woanders im Einzelhandel wirklich besser?

4

Typische Stress-Fallen im Verkauf

4.1 Die Ich-hab-so-viel-zu-tun-Falle

Manchmal weiß man gar nicht, wo einem vor lauter Arbeit der Kopf steht.

© Springer Fachmedien Wiesbaden GmbH 2017
O. Schumacher, *Der Anti-Stress-Trainer für Vertriebler,*
DOI 10.1007/978-3-658-12477-9_4

Die Reaktion auf eine permanent hohe Arbeitsbelastung fällt bei jedem unterschiedlich aus. Manche fühlen sich von Anfang an überfordert und verlieren die Lust daran, überhaupt anzufangen. Sie haben die Sorge, dass sie, wenn sie tatsächlich anfangen, mit dem Falschen anfangen – und möglicherweise Ärger von ihrer Führungskraft oder ihren Kunden bekommen („Wann bekomme ich denn eigentlich x?"). Auch ist es für viele normal, sich bei einer Vielzahl von Aufgaben gerade jene herauszupicken, die relativ einfach von der Hand gehen. So füllt manch ein Außendienstmitarbeiter lieber Statistiken aus, statt zu versuchen, beherzt am Telefon Termine mit Wunschkunden zu vereinbaren, um der möglichen Ablehnung und der damit einhergehenden Enttäuschung zu entgehen.

Priorisieren Verkäufer ihre Aufgaben, spielt es eine große Rolle, wie die bisherigen Reaktionen von Vorgesetzten waren, wenn gewisse Aufgaben nicht, teilweise oder zu spät erledigt worden sind. Es ist keine Seltenheit, dass Testkäufer oder Führungskräfte einer Mitarbeiterin im Einzelhandel Vorwürfe machen, wenn neu angelieferte Ware nicht ordnungsgemäß ins Regal einsortiert wurde, sondern noch im Lager oder auf dem Gang im Geschäft steht. Das im Zweifelsfalle für Mitarbeiter das Einsortieren von Ware vor der guten Kundenberatung mit Verkaufsabschluss – welche meist Zeit, Ruhe und Konzentration erfordern – Priorität hat, ist unter diesem Gesichtspunkt nachvollziehbar. Oder: Widmet sich ein Verkäufer im Außendienst der geforderten Neukundengewinnung, kann es passieren, dass sich dieser plötzlich gewissen Fragen ausgesetzt fühlt. Beispielsweise: „Wir brauchen Umsatz, wieso machen Sie weniger Aufträge?"

Andere Verkäufer hingegen kommen bei Druck erst richtig in Fahrt – im positiven Sinne: Sie schaffen plötzlich so viel, wie sonst nur selten. Viele Menschen haben ihren produktivsten Arbeitstag vor ihrem Urlaub, damit sie während der Auszeit auch wirklich gedanklich frei sind.

Belastend wirkt es, wenn man als Betroffener den Eindruck hat, dass einige Kollegen deutlich weniger arbeiten und leisten als man selbst, diese damit aber einfach „durchkommen" und anscheinend viel Arbeit nur auf wenige Schultern verteilt wird.

Für das eigene Wohlbefinden ist es entscheidend, wie mit dem Arbeitsaufkommen umgegangen wird. Wirkt dies lähmend und belastend, ist es wichtig, das Heft des Handelns in die Hand zu nehmen. Denn es ist unwahrscheinlich, dass ein Kunde, Kollege oder Vorgesetzter auf Verkäufer mit den Worten „Oh, Sie haben ja so viel zu tun. Lassen Sie sich bitte Zeit. Wir alle warten gerne auf Sie" oder „Moment, Sie sind ja voll im Stress. Ich zeige Ihnen, wie Sie Ihren Stress reduzieren und sich anders organisieren" zukommt.

Der Anti-Stress-Trainer rät:

1. **Prioritäten setzen**
   Was ist wirklich wichtig? Was bringt einen entscheidend voran? Wovon ist vieles abhängig? Gut ist, zuerst „dicke Bretter" zu bohren. Denn wenn „schwierigere" Aufgaben weniger werden, beflügelt dies. Um sich der Aufgabenmenge und -relevanz besser bewusst zu werden, ist schriftliches – wenn auch nur stichwortmäßiges – Planen nützlich. Nicht vergessen: Im Tagesablauf auch Zeit für Störfaktoren/Unplanbares berücksichtigen.
2. **Aufgaben bündeln und/oder delegieren**
   Nur weil man immer etwas gemacht hat, muss man es nicht zwangsläufig weiterhin tun. Gehört diese

Aufgabe wirklich zu den eigenen Aufgaben, oder wurde da etwas „untergeschoben"? Manchmal kann man auch andere Kollegen bitten, zu helfen – darf sich aber dann nicht wundern, wenn diese hin und wieder auch mit Bitten an einen herantreten.

3. **Wenigstens kurze Pausen regelmäßig machen**
Wer viel zu tun hat, erlaubt sich manchmal keine Pausen. Doch Pausen dürfen auch mal kurz ausfallen, um wieder Energie zu tanken. Am besten dazu den Arbeitsplatz verlassen, um leichter auf andere Gedanken zu kommen. Wichtig ist, nicht das Entspannen zu verlernen.

4. **Reflektieren**
Vor lauter Arbeit kommen viele gar nicht mehr zum Denken. Darum öfter mal überlegen, ob man die Arbeit, die man erledigt, auch anders erledigen kann. Und öfter dann die Alternative nicht nur einfach denken, und mit dem Gedanken „Ist noch nicht toll genug!" ablehnen, sondern einfach mal umsetzen. Denn häufig fällt das Tun leichter als der Gedanke daran.

5. **Ablenkungen reduzieren**
Viel Zeit und Produktivität geht dadurch verloren, dass nicht konzentriert an einer Sache gearbeitet wird. Ist es machbar, vielleicht ein Schild an die Tür zu hängen, dass man bis x Uhr nicht gestört werden möchte, oder beispielsweise den Anrufbeantworter für eine gewisse Zeit einschaltet? Selbstdisziplin hilft: Einfach mal anfangen, 20 min an nur einer einzigen Sache permanent zu arbeiten. Eine automatische E-Mail-Aktualisierung alle 10 min ist nicht nötig und sinnvoll. Besser ist es, diese beispielsweise gegen 9.30 und 15 Uhr abzufragen. So ist man weniger fremd bestimmt.
Können vielleicht Arbeitszeiten und gewisse Tätigkeiten so verlagert werden, dass weniger Störungen durch Kollegen oder Kunden wahrscheinlich sind?

6. **Mit Checklisten arbeiten, um nichts Wesentliches zu vergessen**
   Wer viel zu tun hat, vergisst im Stress leicht gewisse Dinge. Ob dies nun Präsentationsmaterial ist, welches mit zum Kunden genommen werden sollte oder gewisse Arbeitsschritte beim Kassenabschluss. Checklisten helfen, strukturierter zu arbeiten. Sie sind auch ein Ruhepol, wenn man gehetzt ist und man weiß, wenn man diese Liste Schritt für Schritt abarbeitet, ganz sicher alles richtig zu machen.

7. **Nicht nach Perfektion streben**
   Es muss nicht immer alles 100-prozentig erledigt werden, häufig reichen auch 80 oder 90 %, um seine Ziele damit zu erreichen.

8. **Rechtzeitig informieren, wenn etwas nicht wie vereinbart fertig wird**
   Kunden und Kollegen haben häufig nichts dagegen, wenn sie warten müssen. Ärger verursacht es meist, wenn sie das Gefühl haben, nicht rechtzeitig informiert worden zu sein. Sollte sich also etwas verzögern, dann rechtzeitig die Betroffenen informieren. Denn wenn man von diesen das Okay hat, dann fällt die Erledigung der Aufgabe auch umso leichter, da man kein schlechtes Gewissen haben muss.

9. **Für Ausgleich sorgen**
   Es ist in Ordnung, viel und hart zu arbeiten. Dennoch ist es wichtig, dem Körper und dem Geist auch regelmäßig Abwechslung zu bieten, um nicht immer nur an die Arbeit zu denken. Also: Auf Bewegung und Ernährung achten und bewusst auch schöne Dinge tun.

10. **Mit Vorgesetzten und Kollegen nach Lösungen suchen**
    Nicht immer wissen andere darüber Bescheid, wenn sie jemandem zu viel Arbeit „aufdrücken". Daher ist im Zweifelsfalle das Gespräch zu suchen, um eine Lösung zu finden.

4.2   Die Ich-muss-freundlich-sein-Falle

Manche Verkäufer spielen den Unterhalter, obwohl hier und da Klartext angebracht wäre.

Das chinesische Sprichwort „Wer nicht lächeln kann, sollte kein Geschäft eröffnen" ist vielen bekannt. Aber das bedeutet nicht, dass man immer zu allen freundlich sein muss – und nicht auch in gewissen Situationen in einen (möglichen) Konflikt gehen darf.

Kunden wissen, dass es die vorrangige Aufgabe von Verkäufern ist, zu verkaufen. Denn dafür werden sie eingestellt und bezahlt. Kunden erwarten zu Recht Freundlichkeit und Professionalität. Und gerade im Rahmen dieser Professionalität erwarten sie auch, dass Verkäufer sie vor möglichen Fehlkäufen warnen. Leider ziehen sich aber viele Verkäufer aus ihrer Verantwortung und sagen „Wenn der Kunde A will, dann verkaufe ich ihm auch A". Doch nicht allzu selten gehen Kunden von falschen Ausgangsvoraussetzungen aus und sind auf die Expertenmeinung eines Verkäufers angewiesen. Darum ist es oberste Pflicht, nicht dem Kunden um jeden Preis freundlich nach dem Mund zu reden, sondern ihnen die beste Lösung für ihre Situation schmackhaft zu machen. Will der Kunde partout nicht die beste Lösung, können ja immer noch weniger optimale Alternativen angeboten werden. Aber: Jeder Kunde ist die Visitenkarte seines Lieferanten. Darum kann es im Zweifelsfalle sogar besser sein, mit Nein zu verkaufen – also gar nicht. Denn die wenigsten Kunden gestehen sich ein, dass sie von sich aus etwas Falsches gekauft haben, nur allzu oft geben sie dem Verkäufer die Schuld.

Aus falscher Harmoniesucht versuchen auch viele Verkäufer Aufträge zu generieren, indem sie über den billigen Preis kommen. Natürlich ist der Preis ein Entscheidungsfaktor beim Einkauf. Aber viel wichtiger ist doch letztlich, dass der Kunde mit der eingekauften Sache seine Ziele erreicht. Darum kann nicht immer das Billigste das Beste für den Kunden sein. Die Aufgabe eines Verkäufers ist es nun mal nicht vorrangig an die Geldbörse des Kunden zu denken, sondern daran, wie der Kunde optimal seine Ziele mithilfe der gekauften Sache erreicht.

Freundlichkeit bedeutet nicht, dass man es jedem Kunden immer recht machen muss. Interessanterweise sind häufig gerade die kleinen Kunden, also die, die wenig Umsatz machen, die anstrengendsten. Hier läuft man oft Gefahr, sich zu sehr ausnutzen zu lassen – insbesondere, wenn man dann seinen Zeiteinsatz im Verhältnis zum

Umsatz und Ertrag sieht. Den einen oder anderen Kunden, der eh nur Energie raubt, dem Mitbewerber zu überlassen, kann durchaus eine passable Lösung sein. Soll sich doch dieser damit rumärgern. Hat ein Verkäufer aber nur „anstrengende" Kunden, sollte dieser in die Reflexion gehen, ob möglicherweise doch das ein oder andere an seiner Arbeitsweise verbesserungsbedürftig ist.

Verkäufer müssen somit nicht immer freundlich sein, sie dürfen sogar auch mal nein sagen. Nicht nur zu Kunden, sondern auch zu Kollegen und Vorgesetzten. Das führt zum einen zu einem besseren Selbstwert und zu mehr Klarheit für alle Beteiligten.

Wer eine gewisse gerade Linie fährt, hat gute Chancen als Insidertipp von seinen Kunden weiter empfohlen zu werden: „Die Verkäuferin redet nicht lange drum herum, sondern kommt auf den Punkt und verkauft einem wirklich nur das, was passt. Da musst Du unbedingt hin." Wer gegenüber Vorgesetzten und Kollegen eine gewisse Haltung vertritt und „Mit mir können Sie nicht alles machen" ausstrahlt, wird interessanterweise früher oder später zunehmend weniger „belästigt".

Der Anti-Stress-Trainer rät:

1. **Nicht immer Ja und Amen sagen**
   Freundlichkeit bedeutet nicht, seine eigenen Wünsche und Bedürfnisse nicht aussprechen zu dürfen. Nicht die nettesten Menschen machen die meisten Aufträge, sondern die, die professionell dem Kunden Sinn stiften – und verkaufen. Auch sind sich manchmal Kollegen und Führungskräfte gar nicht darüber im Klaren, wenn sie Aufgaben delegieren, die beim Empfänger weniger gut ankommen.

2. **Nein zu unangemessenen Forderungen**
   Das Sprichwort „Wenn du versuchst es allen recht zu machen, dann hast du mit Sicherheit einen vergessen: Dich" bringt es auf den Punkt. Man kann nicht allen gefallen und muss auch an seine beruflichen als auch privaten Werten und Zielen denken. Sonst macht es mit hoher Wahrscheinlichkeit keiner.
   Nur, weil ein Kunde Rabatte fordert, müssen ihm diese nicht sogleich gegeben werden. Verkäufer sollten ein paar Sätze parat haben, die zu ihrer Persönlichkeit und zu der Situation passen, um auf Augenhöhe Rabattforderungen ablehnen zu können. Denn Rabatte machen süchtig: Wenn ein Kunde erst einmal einen Rabatt bekommen hat – warum soll er diesen beim nächsten Einkauf nicht wieder bekommen?

3. **Üben, Nein zu sagen**
   Wer Probleme mit dem Ablehnen von Wünschen hat und daher vorschnell ja sagt, muss unbedingt lernen, Nein zu sagen. Wer dies nicht gleich kann, kann eine diplomatische Formulierung wählen: Wendet sich jemand mit einem besonderen Wunsch an den Verkäufer, und dieser traut sich nicht, gleich abzulehnen, so kann dieser entgegnen: „Ich kann im Moment noch nicht ja sagen. Ich gebe Ihnen nachher Bescheid." Durch diese gewonnene Zeit kann noch mal kurz in Ruhe darüber nachgedacht werden, um dann eventuell wirklich persönlich, telefonisch oder per Mail abzusagen – oder doch zuzustimmen.

4. **Verbindlich und konsequent sein**
   Verkaufen ist ein Geschäft. Beide Seiten haben ihre Pflichten. Bekommt ein Kunde einwandfreie Ware, dann hat er dafür auch den vereinbarten Preis zu zahlen. Zahlt dieser nicht, spricht überhaupt nichts dagegen, nach ein paar Wochen ein Inkassoinstitut einzuschalten. Denn nicht derjenige, der Geld einfordert, ist unhöflich, sondern derjenige, der nicht fristgemäß zahlt. Aus falscher Freundlichkeit sollte somit niemand auf seine Rechte verzichten.

Viele Verkäufer schämen sich, wenn sie ihre schriftlichen Angebote nachfassen. Dazu besteht kein Grund, schließlich sind sie mir ihrer Arbeit in Vorleistung gegangen und haben ein Anrecht darauf, zu erfahren, wie es weiter geht.

5. **Konflikt umgehend thematisieren**
Fühlt sich ein Verkäufer ausgenutzt, dann muss und darf er dies thematisieren. Getreu dem Motto „Angriff ist die beste Verteidigung" ist es gut, möglichst schnell über kritische Punkte zu reden, statt zu schweigen. Andernfalls tritt häufig beim anderen ein Gewohnheitseffekt ein (á la „Sagt ja nichts, dann kann ich das ja auch weiterhin so machen"), und dem Betroffenen fällt es umso schwerer, darüber zu sprechen.

4.3   Die Nach-mir-die-Sintflut-Falle

Manche Verkäufer sind einfach weg, nachdem sie den Auftrag gemacht haben.

Verkäufer haben in unserem Gesellschaftskreis nicht immer den besten Ruf. Leider teilweise auch zu Recht. Denn es gibt sie immer noch, die Verkäufer, die das Blaue vom Himmel versprechen, nur um an den Auftrag zu gelangen – und dann nicht mehr für ihre Kunden da sind, wenn das in Aussicht gestellte gemeinsame Ziel nicht erreicht wird. Doch wenn beide Seiten – also sowohl Kunde als auch Verkäufer – einen Vertrag unterschreiben oder Inhalte mündlich vereinbaren, dann sind auch beide Seiten dazu verpflichtet, alles dafür zu tun, um das Ziel zu erreichen.

Manche Anbieter wissen durchaus, dass das in Aussicht gestellte Ziel mit hoher Wahrscheinlichkeit eher nicht oder sowieso nicht erreicht wird – überzeugen aber dennoch Kunden vom Vertragsabschluss. Anbieter mit schlechten Absichten versuchen sich dann meist mit vorformulierten Verträgen aus der Verantwortung zu stehlen, indem im Rahmen des „Kleingedruckten" auf Gefahren hingewiesen werden, die aber entweder gar nicht im Verkaufsgespräch thematisiert oder schöngeredet werden.

Doch gerade unseriöse Verkäufer dürfen sich nicht wundern, wenn sie zunehmend Stress empfinden. Schließlich „nerven" enttäuschte Kunden zunehmend und machen schlechte Mund-zu-Mund-Propaganda. Auch in der Freizeit kann man durch Zufall auf verärgerte bzw. betrogene Kunden treffen, die die Gelegenheit nutzen könnten, sich mit Verbalattacken Luft zu verschaffen. Darüber hinaus sind viele Medien dankbar, wenn sie Betrügereien aufdecken bzw. dokumentieren und veröffentlichen.

Verkaufen bedeutet Verantwortung. Kein Verkäufer darf sich aus seiner Verantwortung stehlen, indem er sich seine Welt mit den Worten „Mein Arbeitgeber will ja, dass ich das verkaufe" schönredet. Niemand muss um jeden Preis Kunden etwas verkaufen, erst recht dann nicht, wenn es keine Mehrwerte für den Kunden hat. Sollte also das Angebot für Kunden keinen Nutzen haben, dann sollte

jeder Mitarbeiter für sich selbst die Verantwortung übernehmen – und sich einen neuen Arbeitsplatz suchen. Die
Ausrede „Wenn ich es nicht verkaufe, dann verkauft es ein
anderer" bei schlechten Angeboten zählt ebenfalls nicht.
Denn jeder Mensch ist für das verantwortlich, was er tut,
als auch für das, was er nicht tut.

Der Anti-Stress-Trainer rät:

1. **Für schlechte Angebote sollte man sich zu schade sein**
   Wer für eine Unternehmung arbeitet, von welcher er
   weiß, dass sie Kunden als Mittel zum Zweck sieht und
   nicht als Partner, um mit diesen auf Augenhöhe Erfolge
   zu erwirtschaften, muss sich fragen, warum er es nötig
   hat für ein unseriöses Unternehmen zu arbeiten.
   Wer nicht mit einem geraden Rücken zu seinem Angebot stehen kann – vor seiner Familie, vor sich selbst und
   seinen Kunden, der sollte es auch nicht verkaufen.
2. **Reißleine ziehen, wenn man bei der falschen Unternehmung angestellt ist**
   Passen der eigene Verkaufsstil und die eigenen Werte
   zu der Firmenkultur des Unternehmens und den Anforderungen? Auch wenn es schwer fällt, so muss man
   manchmal erkennen, dass man sich seine Arbeit in
   dem Unternehmen zur Zeit der Bewerbung anders
   vorgestellt hat, als wie es dann tatsächlich im Beschäf-
   tigungsverhältnis ist. Passt das dann nach einigen Mona-
   ten immer noch nicht zusammen, ist es besser, von sich
   aus aktiv auf alternative Arbeitsplatzsuche zu gehen.
   Denn wenn einem die Rahmenbedingungen der Arbeit
   nicht gefallen, kann man diese in der Regel auch nicht
   ändern.
3. **Nicht durch Prämien verführen lassen**
   Auch wenn Prämien oder hohe Einkünfte locken: Wer
   Kunden bewusst Schlechtes verkauft und ihnen auch
   noch die Schuld gibt, nur weil sie ihm vertrauen und

darum beispielsweise das Kleingedruckte in den Verträgen nicht lesen, hat im Verkauf nichts zu suchen.

4. **Verkaufen bedeutet Verantwortung**
   Es ist dem Kunden vor dem Kauf das anzubieten, was
   für seine individuelle Situation das Beste ist. Nach dem
   Kauf ist ihm im Zweifelsfalle zu helfen, damit er den in
   Aussicht gestellten Erfolg auch bekommt. Hier tragen
   Verkäufer und Kunde die Verantwortung, da beide den
   Vertrag unterschrieben haben – und beide Seiten somit
   in der Verpflichtung sind.

5. **Ein gutes Angebot bedarf weder vieler Worte noch Druck**
   Wer als Verkäufer auf der Suche nach Büchern, Semina-
   ren und Methoden ist, wie er Kunden zur Auftragsertei-
   lung über schlechte Produkte und/oder Dienstleistungen
   manipuliert, ist ein Betrüger.

4.4   Die Keine-Ausdauer-Falle

Verkäufer dürfen sich nicht als Opfer sehen.

Stress entsteht durch falsche Erwartungen. Viele Verkäufer gehen beispielsweise nach einer Vertriebstagung hoch motiviert nach Hause, und sind dann frustriert, wenn ihnen das „Produkt-Highlight des Jahres" doch nicht so aus den Händen gerissen wird, wie es von der Geschäftsführung und der Marketingabteilung auf der Veranstaltung prognostiziert worden ist. So versuchen sie zuerst noch mit voller Begeisterung Kunden zu überzeugen, aber spätestens nach dem zehnten Nein kommt die innere Stimme hoch, die dann sagt, dass das Produkt vielleicht doch nicht so toll ist – und geben vorschnell auf.

Auch die Gewinnung neuer Kunden verlangt Ausdauer. In der Regel ist es aber häufig so, dass Verkäufer viel zu schnell aufgeben, meistens schon nach dem ersten Kontakt. Doch ist es wirklich realistisch zu glauben, dass Wunschkunden beim Erstkontakt gleich Bestellungen tätigen oder sofort die Terminbitte erfüllen? Selbst wenn das Angebot sprichwörtlich aus Kundensicht wie die Faust aufs Auge passt, wäre es aus Kundensicht taktisch geschickt, sofort echtes Interesse zu signalisieren? Würde sich ein Kunde nicht besser stehen, selbst Anbieter mit überzeugenden Angeboten ein wenig zappeln zu lassen, um beispielsweise einen noch besseren Preis zu bekommen, oder für den gleichen Preis noch mehr Leistung? Manchmal erfolgt der Erstkontakt auch zu einem ungünstigen Moment. Der Kunde hat aktuell ganz andere Probleme und Prioritäten – und blockt deswegen den Anbieter ab.

Ähnlich verhält es sich mit der Anwendung von neuem Wissen: Im Rahmen eines Verkaufstrainings bekommen Teilnehmer oft neue Ideen, wie sie bei der Neukundengewinnung leichter mehr Aufmerksamkeit und somit einen Termin bekommen. Oder mit welchen Aussagen und Strategien sie mit gewissen Einwänden und Rabattforderungen umgehen können. Im Idealfall wird dann auch am Folgetag etwas Neues ausprobiert. Lehnt der Kunde dann aber wider Erwarten ab bzw. spielt nicht so mit wie gedacht, was passiert meist dann? Der Verkäufer fällt komplett wieder in das alte verbesserungswürdige Verhaltensmuster bei den nächsten Gesprächen zurück, weil das Neue ja (auch) nicht geklappt hat. Doch kann der Anspruch richtig sein, dass etwas, was man zum ersten Male macht, gleich gelingen muss?

Verkäufer dürfen nicht erwarten, dass alles von heute auf morgen klappt. Sie brauchen Ausdauer und müssen den Faktor Zeit unbedingt mit einplanen. Stress entsteht häufig, weil zu viel in zu kurzer Zeit erreicht werden muss – häufig, weil zu spät mit der Umsetzung angefangen wird. Also: Verkäufer dürfen keine Kurzstreckenläufer sein, sondern Langstreckenläufer. Und wie ein Profisportler regelmäßig übt, so sollten auch Verkäufer regelmäßig an ihren Aufgaben und ihrer Performance arbeiten.

Der Anti-Stress-Trainer rät:

1. **Ziele sollen fordern, aber nicht überfordern**
   Menschen überschätzen in der Regel, was sie kurzfristig leisten können, und unterschätzen das, was sie langfristig schaffen könnten. Darum ist es wichtig, sich durchaus persönlich anspruchsvolle Ziele zu setzen, die fordern, aber nicht überfordern.
2. **Jeden Tag ein bisschen**
   Getreu dem Spruch „Man kann auch einen Elefanten essen, wenn man die Stücke nur klein genug schneidet" ist es hilfreich, regelmäßig, am besten sogar täglich, etwas zu tun, was die eigenen Ziele näher bringt.

3. **Manche Dinge gehören einfach dazu**
   Auch wenn gewisse Dinge manchmal keinen Spaß
   machen, so sollte dies kein Grund sein, sie nicht zu erledigen. Denn es geht nicht immer darum, stets Spaß zu
   haben bei der Erfüllung von Aufgaben, manche Dinge
   müssen auch erledigt werden, wenn sie keinen Spaß
   machen.

4. **Gute Vorbereitung schafft schnellere Erfolge**
   Wer neue Kunden gewinnen will oder neue Produkte
   im Markt platzieren möchte, tut sich und seinen Kunden
   einen großen Gefallen, wenn er sich vorbereitet: Was
   hat der Kunde von dem Angebot? Welche Einwände
   könnten kommen? Wie können diese entkräftet werden? Wie kann der Preis zu einem Kaufgrund, statt zu
   einem Kaufhindernis werden?

5. **Zeit zum Denken nehmen**
   Auch Reflexionen nach den einzelnen Gesprächen helfen, sich gewisser Stärken und Schwächen bewusst zu
   werden, um daraus zu lernen. Getreu dem Motto: „Wer
   aufhört besser zu werden, hat aufgehört gut zu sein"
   müssen Verkäufer regelmäßig an sich arbeiten und sich
   mit verkaufsrelevantem Wissen beschäftigen.

6. **Verkäufer müssen ihre Zahlen kennen**
   Hochrechnungen helfen zu überprüfen, ob man mit
   dem, was man macht, auf Zielkurs ist. Darum sollte man
   seine persönlichen Kennzahlen stets kennen (beispielsweise die Verhältnisse Anrufe zu Termine, Termine zu
   Neukunden), um ggf. rechtzeitig gegensteuern zu können.

7. **Zahlen sind wie Zensuren**
   Häufig zeichnet sich die Nichterreichung von Zielen
   frühzeitig ab. Leider reden sich nur viele Verkäufer
   die Zukunft schön, statt anhand der Zahlen rechtzeitig
   Gegenmaßnahmen einzuleiten und zu kämpfen.

8. **Überlastung rechtzeitig erkennen**

   Wer das Gefühl hat, seine Aufgaben bewältigen zu können geht mit seinem Arbeitspensum ganz anders um
   als einer, der daran nicht glaubt. Es hilft, sich manchmal
   kurz zurückzunehmen und zu überlegen, was nun wirklich wichtig ist, ob man das nun wirklich sofort erledigen
   muss – und ob nicht sogar jemand anders die Aufgabe
   übernehmen kann, oder zumindest bei der Erledigung
   helfen kann. Denn wer vor lauter Arbeit nicht mehr zum
   Denken kommt, setzt oft die falschen Prioritäten und
   erreicht unterm Strich weniger als andere.

9. **Positives bewusst machen**

   Es ist hilfreich, sich öfter sowohl Erfolge als auch schöne
   Momente bewusst zu machen. Denn unbewusst beschäftigten sich viele eher mit negativen Dingen, selbst dann,
   wenn diese seltener aufgetreten sind als positive. Auch
   haken viele positive Erlebnisse pauschal positiv ab, und
   steigern sich ins Negative detailliert hinein. Dieser Auto-
   matismus ist evolutionsbedingt, da Gefahren das Über-
   leben gefährden.

   Es hilft, täglich die positiven Dinge schriftlich festzuhal-
   ten, um zu erkennen, dass nicht wirklich alles schlecht
   ist. Auch hilft Dankbarkeit für gewisse Dinge, Momente
   und Situationen, die sonst viel zu schnell zur Selbstverständlichkeit werden.

10. **Ist Scheitern wirklich so schlimm?**

    Welche Bedeutung wird negativen Dingen oder bevor-
    stehenden schwierigen Situationen gegeben? Kann
    es sein, dass manchmal aus einer Mücke ein Elefant
    gemacht wird? Was ist denn wirklich das Schlimmste,
    was passieren kann, falls man scheitert? Und überhaupt:
    Wenn jemand niemals scheitert, hat dieser dann viel-
    leicht einen zu kleinen Anspruch an sich selbst?

4.5   Die Das-nehme-ich-jetzt-persönlich-Falle

Manche Kunden sind irgendwann auch Freunde. Doch Geschäft ist Geschäft.

Als Verkäufer muss man sich so manchmal einiges bieten lassen: Kunden werden vielleicht laut und persönlich oder beschweren sich zu Unrecht. Andere erpressen Zugeständnisse, indem sie mit einem Lieferantenwechsel drohen. Weitere stellen hohe Einkaufsmengen in Aussicht, die sie dann doch nicht abnehmen. Einige zahlen schlecht, und reagieren dann auch noch pampig, wenn man sie auf die außenstehenden überfälligen Forderungen hinweist.

Für so manche Verkäufer ist es stressig, wenn beispielsweise die Vorgabe lautet, jeden an der Kasse einen Zusatzartikel anzubieten oder zu fragen, ob sie Punkte sammeln – und Kunden über diese Fragerei und Anbiederei genervt sind – und dies entsprechend kundtun.

Auch Führungskräfte im Verkauf verlieren manchmal die Beherrschung. Da sind dann schnell mal Worte geschrieben oder gesagt, die eindeutig nicht der Haltung „Ich bin okay – Du bist okay", sondern vielmehr der Einstellung „Ich bin okay – Du bist zu dumm und zu faul" entsprechen. Oder war das vielleicht gar nicht so vom Sender der Botschaft gewollt, wurde aber so vom Empfänger interpretiert? Spannenderweise meinen ja viele Menschen, sie müssten mal Klartext im Sinne von „Das musste mal gesagt werden" reden und gehen davon aus, dass ihr Gegenüber dies einfach so hinnimmt. Aber entscheidend ist ja nicht nur das Was der Botschaft, sondern auch das Wie. Steckt man aber erst einmal in der Emotion, ist es schwer, nicht reflexmäßig und damit unkontrolliert seinen Emotionen freien Lauf zu lassen.

Verkäufer oder generell Menschen mit Kundenkontakt sind auch oft dem psychologischen Phänomen der „verlagerten Aggression" ausgesetzt. Jeder Mensch hat mal schlechte und damit schwache Momente und ist unzufrieden, beispielsweise mit seinem Arbeitgeber, seiner Familie oder sich selbst. Hin und wieder kommt auch alles auf einmal. Da ist es dann für viele leichter, statt in einen möglichen Konflikt mit denen zu gehen, die es betrifft, lieber seine Aggressionen an andere Menschen loszuwerden – beispielsweise einer außenstehenden Person, wie einem Verkäufer. Und so kann es schnell mal passieren, dass plötzlich ein Kunde oder Gast „explodiert", und der Anbieter gar nicht weiß, wie ihm geschieht, weil er gar nicht nachvollziehen kann, warum sich dieser nun so aufregt.

Der Anti-Stress-Trainer rät:

1. **Manchmal ist Kritik egal, manchmal nicht**
   Wie auf Kritik reagiert wird, hängt maßgeblich vom eigenen Selbstwertgefühl ab, den derzeitigen Emotionen und vom Sachverhalt, ob man sich ertappt fühlt, oder nicht.
2. **Automatischen Antwortreflex bremsen**
   Getreu dem Motto „Wer sich verteidigt, klagt sich an" ist es hilfreich, nicht immer sofort zu reagieren, sondern gegebenenfalls eine Denkpause zu machen.
3. **Perspektive des anderen verstehen wollen**
   Es hilft, sich auch in die Lage des Kunden oder der Führungskraft hineinzuversetzen. Häufig stehen auch diese unter Druck.
4. **Trennen von Person und Verhalten**
   Es geht um das Geschäft, um Kunden sowie um Umsätze und Gewinne. Manchmal sogar um den Ruf der gesamten Unternehmung. Da muss das ein oder andere auch gesagt werden dürfen, damit alle an einem Strang ziehen. Es kann nicht immer alles in „Watte" verpackt werden, manchmal hilft auch ein reinigendes Gewitter. Darum sollte man versuchen zu verstehen, dass jeder aus seiner Rolle – beispielsweise die des Vorgesetzten – spricht, und entsprechend handeln muss(te).
5. **Schwamm drüber**
   Wer sich persönlich beleidigt fühlt, sollte dies thematisieren. Manchmal werden Dinge schnell gesagt, die andere nicht so meinten. Oft bekommt man etwas in den „falschen Hals". Es muss auch mal wieder gut sein, nachdem man sich ausgesprochen hat. Schließlich will man noch weiter mit seinen Kunden/Kollegen arbeiten.

6. **Verkaufen ist Persönlichkeitsentwicklung pur**
   Nur an Menschen und Situationen, die einem auf dem ersten Blick schwierig erscheinen, kann man als Persönlichkeit wachsen. Nur „netten" Kunden etwas verkaufen, das kann jeder. Auch Verkäufer oder Führungskräfte müssen öfter mal nein sagen, andernfalls macht irgendwann jeder, was er will – und das ist nicht immer das Richtige.

7. **Tür stets einen Spalt offen lassen**
   Auch wenn man von einem Kunden enttäuscht ist, beispielsweise weil er ohne Ankündigung den Lieferanten wechselt, sollte trotzdem der Kontakt zu ihm angemessen aufrechterhalten werden. Denn viele Kunden tun sich schwer damit, Fehler einzugestehen – und rennen einem Verkäufer nicht hinterher, wenn sie später merken, dass sie mit diesem doch besser fahren. Hält aber der Verkäufer den Kontakt, können schneller wieder Brücken gebaut werden.

8. **Falschen Stolz ablegen**
   Auch wenn man sich für einen Bruch einer Beziehung nicht verantwortlich fühlt, so kann es trotzdem gut sein, dem anderen wieder die Hand zu reichen. Denn häufig bedauern die anderen Beteiligten ebenfalls die negative Entwicklung. Und wer hier nach einer gewissen zeitlichen Distanz, wenn sich die Wogen wieder geglättet haben, den Kontakt sucht, zeigt wahre Größe. Sollte die andere Person von diesem Annäherungsversuch nichts halten, hat der andere es wenigstens versucht.

9. **Unschöne Momente gehören zum Leben**
   An manchen Tagen möchte man vielleicht alles hinschmeißen. Doch ist wirklich immer alles schlecht? Manchmal spielt uns unsere Wahrnehmung ein Schnippchen: Wir denken oft an ein oder zwei schlechte Dinge, und vergessen dabei, dass unser Job auch viele angenehme Aspekte zu bieten hat.

10. **Aus Fehlern lernen**
    Im Nachhinein betrachtet machen wir Fehler. Zu dem Zeitpunkt, wo wir uns entscheiden, wissen wir meist nicht, dass wir einen Fehler begehen. Aber im

Nachhinein haben wir häufig neue Informationen, die uns helfen zu erkennen, warum wir einen Fehler gemacht haben. Ein fehlerfreies Leben wird nicht möglich sein. Aber wir können aus diesen lernen, um zukünftig diese nicht immer wieder zu wiederholen. Denn dumm ist nicht der, der Fehler macht, sondern der, der immer wieder die gleichen Fehler macht.

4.6   Die Ich-kann-verkaufen-Falle

Einige Verkäufer halten sich für sehr gute Verkäufer, manchmal aber auch zu Unrecht.

Es ist ganz normal, dass ein Verkäufer nicht jedem gleich etwas sofort verkaufen kann. Je nach Branche und Kundentyp kann es ewig dauern, bis ein potenzieller Kunde vom Mitbewerber abgeworben ist. Und manche potenzielle

Kunden werden niemals Kunde des Verkäufers, weil sie vielleicht eine bessere Beziehung zu „ihrem" Lieferanten haben, die Unternehmensphilosophie des neuen Anbieters nicht mögen, den Nutzen in einem Wechseln nicht erkennen oder einfach mit dem Verkäufer selbst nicht „können".

Fakt ist aber auch, dass viele Verkäufer sich selbst ein Bein stellen, wenn sie Kunden für sich gewinnen wollen. So verwechseln sie oft das Schweigen des Kunden mit zuhören, kennen zwar das Sprichwort „wer fragt, der führt", stellen aber kaum Fragen, um wirklich herauszufinden, was ihr Gegenüber braucht und will – und bauen somit nicht genügend Vertrauen auf. So bleiben letztlich viele potenzielle Kunden bei ihren bisherigen Lieferanten, selbst dann, wenn sie mit diesem nicht zu 100 % zufrieden sind, weil sie sich nicht vorstellen können, dass es durch einen Lieferantenwechsel wirklich besser wird.

Viele Verkäufer geben zu schnell auf – und verkaufen darum nicht. Natürlich hat auch nicht immer der Verkäufer die Schuld, aber trotzdem könnte so manch ein Verkäufer mehr in seinem Verantwortungsbereich erreichen, wenn er besser, durchdachter und individueller kommunizieren sowie präsentieren und damit verkaufen würde.

Greift aber ein Kunde bei einem Angebot nicht zu, geben aus purem Selbstschutz viele Verkäufer dem Kunden die Schuld. Beispielsweise sagen sie sich „Na, der hat es einfach nicht verstanden!" oder schnippisch „Ich habe es ja wenigstens versucht!" Andere Verkäufer sehen sich als Opfer: „Zu den Preisen hätte ich an seiner Stelle auch nicht gekauft, aber ich mache die Preise ja nicht, sondern mein Chef!" Weitere versuchen gar nicht erst, Kontakt zu gewissen potenziellen Abnehmern aufzubauen, weil sie denken, dass sie das offensive Verkaufen gar nicht nötig hätten, oder aber gegenüber manchen Mitbewerbern eh keine Chance haben.

Nehmen Verkäufer ihren Beruf ernst und beschäftigen sich öfter mit verkaufsrelevantem Wissen, dann werden sie auch leichter verkaufen, da sie flexibler und besser Kunden überzeugen. Wer erfolgreich verkauft, hat gute Chancen, aufgrund seines Erfolges gewissen Stresssituationen nicht ausgesetzt zu sein, wie beispielsweise der Angst vor Arbeitsplatzverlust. Aber viele ziehen sich hier aus der Verantwortung und sagen sich „Entweder kann man verkaufen, oder nicht!" oder „Wenn mein Chef will, dass ich mehr verkaufe, dann soll er bitte auch entsprechend in Fortbildungen investieren." Profisportler kämen niemals auf die Idee, nur einmal kurz vor einem wichtigen Turnier zu üben. Profisportler trainieren regelmäßig, teilweise sogar täglich. Nur die Mehrheit der Verkäufer meint, sie hätten Training nicht nötig und geben dann vorschnell Verantwortung an die „dummen" Kollegen, den „billigen" Mitbewerbern oder der „schlechten" Geschäftsführung ab. Doch Kunden kaufen immer, die Frage ist nur: von wem?

> **Der Anti-Stress-Trainer rät:**
>
> 1. **Regelmäßig mit dem Thema Verkaufen auseinandersetzen**
>   Verkäufer müssen sich regelmäßig mit verkaufsrelevantem Wissen beschäftigen, um zunehmend besser zu werden und somit leichter und sicherer die vertrieblichen Ziele zu schaffen.

2. **Wer weiß, wie er seine Ziele erreicht, hat weniger Stress**
   Besonders, wenn man verkaufen „muss", aber nicht weiß, wie, entsteht Stress. Darum trägt verkaufsrelevantes Wissen maßgeblich zur Stressreduzierung bei.

3. **Sich das Angebot zuerst selbst verkaufen**
   Wenn ein Verkäufer selbst nicht weiß, warum er mit seinem Angebot eine Bereicherung ist (sprich: warum man seine Produkte/Dienstleistungen kaufen sollte), dann wird er nur schwer Kunden überzeugen. Darum müssen sich Verkäufer vorbereiten und sich zuallererst ihr Angebot selbst verkaufen.

4. **Bildung ist eine Holschuld**
   Investiert der Arbeitgeber selbst nicht regelmäßig in die Fortbildung seiner Verkäufer, spricht nichts dagegen, eigenverantwortlich in sich zu investieren. Und selbst dann, wenn man als Mitarbeiter Seminare „gesponsert" bekommt, kann man trotzdem immer noch etwas eigenverantwortlich tun.

5. **Verkaufswissen gibt es zum Nulltarif**
   Wer gratis Verkaufstipps möchte, sollte einfach mal bei Youtube beispielsweise „Verkaufstraining" eingeben. Auch gibt es viele redaktionelle Beiträge zum Thema Verkaufen in diversen Blogs. Darüber hinaus stellen auch viele Trainer Audiodateien kostenlos zur Verfügung. Ferner gibt es auch viele Bücher zu den Themen Kommunikation, Marketing und Verkauf in den Bibliotheken.

6. **Lernen braucht Zeit**
   Von heute auf morgen kann niemand ein sehr „guter" Verkäufer werden. Besser ist es, regelmäßig etwas Neues im Verkaufsalltag umzusetzen. Sobald dies nach ein paar Tagen oder Wochen automatisiert ist – man also nicht mehr an das neue Tun denken muss, ist es möglich, wieder etwas Neues zu integrieren. So wird man Schritt für Schritt besser.

7. **Fachlicher Austausch**
   Häufig gibt es Kollegen, die etwas erfolgreicher verkaufen, als man selbst. Warum nicht diese einfach mal
   ansprechen oder anrufen, und nach deren Geheimtipp
   fragen? Viele Verkäufer verraten gerne, wie sie „es"
   gemacht haben.

8. **Tagungen als Ideenquelle nutzen**
   Auch auf Tagungen und anderen Mitarbeiterveranstal-
   tungen muss darauf geachtet werden, dass nicht nur das
   „Was" besprochen wird, sondern auch das „Wie". Denn
   es reicht nicht, Mitarbeitern einfach zu zeigen, was die
   Aktionen/Produkte/Angebote des nächsten Monats sind,
   man muss ihnen auch Ideen und Tipps geben, wie sie sie
   auf Augenhöhe verkaufen.

9. **„Gute" Verkäufer haben einen höheren Wert auf dem
   Arbeitsmarkt**
   Für Stress sorgt häufig die Angst vor Arbeitsplatzverlust
   bzw. der Abhängigkeit vom derzeitigen Arbeitsplatz.
   Wer aber weiß, dass er/sie ein „guter" weil qualifizierter
   und erfolgreicher Verkäufer ist, geht mit vielen Dingen
   entspannter um, da ja im Zweifelsfalle der Arbeitgeber gewechselt werden könnte. Aber: Es gibt wohl kein
   Unternehmen, in dem es immer „schön" ist zu arbeiten.

10. **Man muss sich für Erfolg entscheiden**
    Es ist egal, was andere zu einem sagen. Entscheidend ist,
    was man selbst zu sich sagt. Deswegen sollte sich jeder
    Verkäufer entscheiden: will er ein „guter" Verkäufer
    werden und/oder bleiben – oder nicht. Wenn erst ein-
    mal die Entscheidung für den Erfolg gefallen ist, geht
    vieles leichter und anders. Warum? Weil man anders
    denkt und eine andere Rolle einnimmt. Nämlich die
    Macherrolle, statt die Opferrolle.

4.7 Die Ich-habe-genügend-Umsatz-Falle

Vor dem Verkauf ist nach dem Verkauf – ein ständiger Kreislauf.

Es gibt keine sicheren Kunden. Das einzige, was sicher ist, ist der Tod und die Steuer. Darum müssen Verkäufer stets hellwach sein. Denn die wenigsten Kunden werden frühzeitig von sich aus ihre Abwanderungsgedanken aussprechen. Manche sind generell offen für Angebote weiterer Anbieter und behalten den Markt stets von sich aus im Auge, andere lassen sich von Verkäufern überzeugen, die gezielt den Kontakt zu ihnen suchen.

Es gibt viele Gründe, weshalb Kunden nicht mehr bzw. weniger kaufen:

- Abwechslung ist ein ganz normales menschliches Bedürfnis. Und so wechseln manche Kunden ihren Dienstleister bzw. Lieferanten, weil sie einfach mal was Neues ausprobieren möchten. Manche bleiben beim Neuen, andere gehen wieder zurück, weitere gehen dann zum Dritten.
- Veränderungen auf Kundenseite, wie Umzug oder Neubesetzung und/oder Umorganisation von Stellen führen oft dazu, bisherige Beschaffungsgewohnheiten zu verändern.
- Die Beendung des Geschäftsbetriebs, beispielsweise durch Tod des Konsumenten, Insolvenz des Unternehmens oder auch Aufgabe von Geschäftsbereichen, führt dazu, dass es keinen Bedarf mehr an dem Angebot gibt.
- Mangelnde Liquidität beim Kunden kann diesen dazu zwingen, woanders zu kaufen. Selbst dann, wenn dieser weiß, dass er woanders eine schlechtere Qualität bekommt.
- Das vom Kunden wahrgenommene Engagement der Verkäufer fällt häufig sehr unterschiedlich aus. Darum kann es passieren, dass ein Kunde wechselt, weil er das Gefühl hat, bei seinem bisherigen Anbieter nur eine „Nummer" zu sein. Beispielsweise, weil der Verkäufer nicht genug mitdenkt und zu wenig Ideen gibt, wie der Kunde erfolgreicher/zufriedener werden kann.
- Manchmal gehen Kunden auch, weil sie enttäuscht sind. Beispielsweise, weil sie dachten, die Qualität des Angebots oder der Zusammenarbeit sei besser. Weitere wechseln, weil sie frustriert sind. Vielleicht, weil sie mit einer Person im Lieferantenunternehmen persönlich nicht (mehr) klar kommen.

Die Aufstellung zeigt, dass Verkäufer mit der Qualität ihrer Arbeit maßgeblich zur Kundenbindung beitragen. Aber auch, dass Verkäufer nicht immer alleinig dafür verantwortlich sein können, wenn Kunden „gehen". Entscheidend ist, wie Verkäufer selbst als auch das Lieferantenunternehmen insgesamt im Markt agieren bzw. reagieren.

Der Anti-Stress-Trainer rät:

1. **Umsätze sichern durch Stammkundenbindung**
   Die besten Kunden eines Anbieters sind die Wunschkunden seiner Mitbewerber. Gerade darum muss diesen besonders viel Aufmerksamkeit geschenkt werden. Wer weiß, was seinen Kunden wirklich wichtig ist, kann diese optimal beraten, betreuen, binden – und passendes verkaufen.

2. **Abwanderungstendenzen erkennen**
   Kunden gehen oft in die Konsumentenhaltung, weil sie sich sagen, dass der Verkäufer schließlich etwas von ihnen will – nämlich ihr Geld. Hat der Verkäufer das Gefühl, dass die Qualität der Geschäftsbeziehung schlechter wird, muss dieser dies unbedingt thematisieren. Denn ein typischer Kunde wird nicht von sich aus „Bitte überzeugen Sie mich, dass wir weiter zusammenarbeiten sollten" sagen.

3. **Verkäufer sind Erfolgscoaches**
   Ein guter Verkäufer ist kein „Reinverkäufer", sondern ein „Rausverkäufer". Denn ein Kunde hat wenig davon, wenn sein Lieferant ihm das Lager „vollstellt", ihm aber keine Ideen gibt, wie er die Ware erfolgreich wieder absetzt. Spürt der Kunde, dass er mithilfe seines Anbieters erfolgreicher wird bzw. bleibt, dann bindet ihn dies.

4. **In Würde Kunden gehen lassen**
   Beendet ein Kunde die Geschäftsbeziehung, dann darf der Verkäufer nicht die „beleidigte Leberwurst" spielen oder ihn gar mit Vorwürfen wie „Warum haben Sie

denn nichts eher gesagt?" konfrontieren. Besser ist es, sein Bedauern auszudrücken und einen weiteren – wenn auch lockereren – Kontakt anzustreben. Denn verhält sich der Verkäufer souverän, kommt der Kunde vielleicht wieder, wenn sein neuer Lieferant doch nicht seine Erwartungen erfüllt. Reagiert dieser aber empört und besserwisserisch, wendet sich der Kunde im Zweifelsfalle an einen dritten Lieferanten.

5. **Kontinuierlich neue Kontakte**
   Neukundengewinnung gelingt insbesondere dann, wenn man neue Kunden nicht unbedingt benötigt. Denn von dieser Souveränität fühlen sich so manche Kunden angezogen. Braucht aber ein Verkäufer händeringend Umsatz, weil sein bester Kunde gerade abgesprungen ist, baut dieser häufig unangemessenen Druck auf – sowohl gegenüber sich als auch seinen Kunden. Wer also regelmäßig, also beispielsweise wöchentlich, etwas dafür unternimmt, neue Chancen zur Gewinnung neuer Kunden zu ergreifen, tut sich selbst einen Gefallen.

6. **Strategisch Kunden suchen**
   Kernfragen für gute Kunden und Umsätze sind: Welche Kunden können optimal von meinem Angebot profitieren? Wo halten diese sich auf? Mit welchen Maßnahmen kann ich zunehmend in deren Köpfe gelangen, um Chancen auf Termine, Anfragen und Aufträge zu bekommen?

7. **Bewusst für Neukundengewinnung Zeit nehmen**
   Vielen Verkäufern fehlt die Zeit für Neukundengewinnung. Möglicherweise ist aber nicht die Zeit das Problem, sondern die Angst vor Ablehnung, sodass Verkäufer Alibi-Maßnahmen ergreifen, um beschäftigt zu wirken. Dabei vertrödeln sie aber oft die Zeit, um Zeit zu haben für die wirklich wichtigen Dinge. Doch Neukundengewinnung muss nicht Spaß machen, sie muss getan werden. Und im Zweifelsfalle ist es besser, beispielsweise auf einem Netzwerktreffen nur eine fremde Person anzusprechen, als gar nicht erst auf ein solches

Treffen zu gehen. Die innere Haltung „Ich möchte neue Menschen kennenlernen" statt „Ich will/muss verkaufen!" hilft enorm, Neukundengewinnung entspannt anzugehen.

4.8   Die Einwand-Falle

Viele Verkäufer knicken bei Einwänden und Widerständen vorschnell ein.

Wer die Sorge hat, auf gewisse Kundenaussagen keine angemessene Antwort zu haben, wird unbewusst und teilweise auch bewusst solche Situationen vermeiden wollen. Denn wer will schon das Risiko eingehen, blöd dastehen zu können?

- Hört beispielsweise ein Verkäufer in einem Elektrofachgeschäft zwei Kunden über den Preis eines Fernsehers diskutieren, wobei schon einer eifrig in seinem Smartphone nach günstigeren Alternativen sucht, ist die Gefahr groß, dass der Verkäufer von sich aus nicht das Gespräch sucht, sofern er nicht weiß, wie er auf Augenhöhe erklären kann, warum er bzw. sein Fernseher einen etwas höheren Preis wert ist. Um möglichst nun nicht von den beiden Kunden gefragt zu werden, sind Ausweichstrategien naheliegend: Vermeidung von Blickkontakt, Ware in das Regal einsortieren oder der Weg zur Toilette wird genommen.

- Soll ein Verkäufer im Außendienst durch Kaltbesuche neue Kunden gewinnen und weiß nicht, was er sagen soll, nachdem er „Guten Tag" gesagt hat, um an einen Termin zu gelangen, dann kann es passieren, dass er zahlreiche Argumente für seine Vorgesetzten hat, warum er keine Neukundengewinnung betreiben kann: „Irgendjemand muss sich ja auch um die Stammkunden kümmern", „Ich habe keine Zeit für zwei weitere Besuche" oder „Unsere Verkaufsunterlagen sind noch nicht perfekt genug."

Menschen haben oft die Sorge, gegenüber ihren Kunden, Kollegen und auch Vorgesetzten als inkompetent wahrgenommen zu werden. Darum sagen sie oft nicht die Wahrheit, sondern Dinge, die gut klingen. Statt „Ich weiß nicht genau, wie ich dieses Produkt im Markt platzieren soll" lieber „Da hat das Produktmanagement am Markt vorbei entwickelt/da hat der Einkauf etwas Falsches eingekauft." Statt „Ich komme mit Ablehnung nicht klar und weiß nicht, wie ich an Termine gelangen soll" lieber „Ich bekomme Provision auf Umsätze, also bin ich auch die meiste Zeit bei meinen Stammkunden. Wir wollen doch Umsatz, oder?" Statt „Ich weiß selbst nicht genau, warum man Kunde bei uns werden sollte" lieber „Wir müssen ein paar Anzeigen schalten und Mailings verschicken. Und dann die Empfänger von einem Call-Center anrufen lassen, damit diese für uns Termine machen. So nutzen wir optimal die knappe verkaufsaktive Zeit."

Wer sich als Verkäufer gegenüber seinen Kunden in gewissen bevorstehenden Situationen unsicher und/oder inkompetent fühlt, hat unangenehme Gefühle. Tendenziell neigen dann viele dazu, diese Situationen als Bedrohung zu sehen, statt als Chance, Neues zu lernen und besser zu werden. Glaubt man nicht an seine eigene Selbstwirksamkeit, also der Fähigkeit, souverän die Situation bewältigen zu können, sinkt das Selbstwertgefühl und die Motivation. Muss man aber verkaufen, und weiß nicht wie, beginnt für viele ein negativer innerer Dialog, der zunehmend stärker wird. Dieser führt zu Fluchtreaktionen und Alibi-Tätigkeiten (von „Ich rufe jetzt mal 10 Kunden an" zu „Ich räume nun erst mal mein Büro auf.")

Der Anti-Stress-Trainer rät:

1. **Vorbereitung ist elementar**
   Wer sich auf das Verkaufsgespräch rechtzeitig intensiv vorbereitet, wird schon dabei merken, welche möglichen kritischen Situationen sehr wahrscheinlich auf ihn zukommen werden. Nun ist genügend Zeit, sich zu überlegen, wie mit diesen umgegangen werden kann.

2. **Checklisten helfen, an alles zu denken**
Um bei der Vorbereitung Zeit zu sparen und nichts zu
vergessen, bietet es sich an, eine Checkliste zu entwi-
ckeln. Diese könnte beispielsweise folgende Punkte ent-
halten: Was ist das Gesprächsziel? Wie finde ich heraus,
was der Kunde wirklich will und braucht? Wie finde ich
einen optimalen Gesprächseinstieg? Wie will ich so präsentieren, dass mein Gegenüber zu sich selbst sagt „Die
Lösung ist für mich optimal!"? Welche Einwände können kommen? Wie will ich diese entkräften? Welche
alternativen Angebote habe ich für ihn? Wie erkläre
ich den Preis bzw. seine Investition auf Augenhöhe?
Was ist mein Rückzugsziel, falls ich mein Gesprächsziel
nicht erreiche? Wie stelle ich sicher, dass ich nach dem
Gespräch mit dem Kunden in Kontakt bleibe?

3. **Je mehr man weiß, umso sicherer fühlt man sich**
Je flexibler Verkäufer sind, umso sicherer fühlen sie sich.
Wer auf den Kundeneinwand „Sie sind zu teuer!" nur
eine mögliche Reaktion parat hat, beraubt sich unnötig um die eigenen Chancen. Besser ist es, mehrere Ver-
haltensweisen für die einzelnen Einwände/Situationen
zu haben. So kann man in der Verhandlungssituation
entscheiden, welche Verhaltensweise nun am ange-
messensten ist und mit hoher Wahrscheinlichkeit zur
Gesprächszielerreichung führt.

4. **Wer nie Widerstände hat, hat zu geringe Ansprüche**
Wer Verkaufsgespräche führt und niemals Einwände
hört oder heikle Verhandlungssituationen erlebt, mag
ein guter Verkäufer sein. Möglicherweise ist er aber kein
guter Verkäufer, sondern ein zu bescheidener, der stets
den kleinsten gemeinsamen Nenner mit seinen Kunden sucht – und findet. Beispielsweise weil er von sich
aus den niedrigsten Preis oder die geringste Angebots-
menge anbietet. Doch Verkaufen hat nicht das oberste
Ziel, dass sich der Verkäufer stets wohlfühlt. Das oberste
Ziel ist, dass der Kunde eine optimale Lösung bekommt,
die im Zweifelsfalle auch etwas größer ist als gedacht.

Aber wenn der Kunde im Nachhinein glücklich ist, dann ist das Ziel erreicht.

5. **Fragen, um zu verstehen**
Jeder kennt den Spruch „Wer fragt, der führt!". Doch die wenigsten Verkäufer stellen wirklich gute Fragen. Beispielsweise „Welche Erfahrungen haben Sie denn bisher mit x gemacht?", „Was versprechen Sie sich von x?", „Darf ich Ihnen noch kurz etwas zeigen, was x optimal ergänzt?"

6. **Schweigen ist nicht zuhören**
Viele Verkäufer verwechseln das Schweigen des Kunden mit zuhören. Dabei sind nur viele Kunden höflich – und wollen nicht unterbrechen. Wer nicht an der tatsächlichen Meinung seines Gegenübers interessiert ist, und ihn lieber „zutextet", statt ihn reden zu lassen, provoziert nicht nur Einwände, sondern Ablehnung. Bei Präsentationen sollte ebenfalls der Kunde aktiv eingebunden werden, sodass er keinem Monolog ausgesetzt wird.

7. **Reflexion ist wichtig**
Auch wenn ein Gespräch nicht positiv verlaufen ist, kann man aus diesem lernen. Es liegt nicht immer die Schuld beim Verkäufer. Manchmal sind die Kunden auch einfach nur merkwürdig drauf. Doch wenn dieses zutrifft, wie könnte denn zukünftig der Kunde schneller qualifiziert werden, um festzustellen, dass der Kunde nicht in das „Beuteschema" passt, weil er ganz andere Erwartungen, Werte und Vorstellungen hat? Wer stressfreier im Verkauf arbeiten möchte, findet schon bei der Anfrage mögliche K.O.-Kriterien heraus – und investiert nicht unnötig viel Zeit in Chancen, die zu 99 % eh nicht realisiert werden.

4.9   Die Feuerwehr-Falle

Die Balance zwischen den zahlreichen Aufgaben ist nicht immer leicht zu halten.

An manchen Tagen wissen Verkäufer gar nicht, wie ihnen geschieht. Plötzlich treten Lieferprobleme auf und die Kunden rebellieren. Aber nicht nur Kunden können für Stress sorgen, sondern auch Kollegen. Beispielsweise, wenn diese kurzfristig ausfallen und man für diese einspringen muss oder unerwartet etwas zu regeln hat. Unangenehme Gefühle treten ebenfalls auf, wenn man merkt, dass ein Mitbewerber plötzlich und unerwartet sehr aggressiv die eigenen Kunden angeht, und das womöglich nicht nur Schritt für Schritt, sondern gefühlt alle auf einmal.

Sobald Verkäufer nur noch fremd bestimmt sind und nur noch reagieren, statt agieren können, sind sie in der „Feuerwehr-Falle". Der Stresspegel geht umso höher, je mehr von diesen „Einsätzen" abhängig ist.

Der Anti-Stress-Trainer rät:

1. **Rechtzeitig informieren**
   Kunden haben nichts dagegen, wenn sie warten müssen. Zumindest solange sie wissen, wie lange sie warten müssen. Zeichnet sich ein späterer Liefertermin als vereinbart ab, ist der Kunde sofort zu informieren. Denn viele Kunden regen sich viel mehr darüber auf, dass sie sich schlecht informiert fühlen, als dass sie etwas länger warten müssen. Kurz: Wer seine Kunden zu enttäuschen droht, sollte rechtzeitig sprechen.

2. **Ehrlichkeit verkauft am längsten**
   Generell sollten kritische Punkte offensiv vom Verkäufer aus angesprochen werden. Zwar ziehen sich manche Verkäufer aus ihrer Verantwortung mit den Worten „Der Kunde hätte ja fragen können!", doch Kunden wünschen, dass kritische Punkte vom Anbieter souverän angesprochen werden. Viele Kunden kaufen sogar deswegen, weil sie es gut finden, wenn sie in ihrem Gegenüber keinen Schönredner sehen, sondern einen, mit dem man durch dick und dünn gehen kann.

3. **Partnerschaft leben**
   Eine klare Auftragsklärung sorgt für weniger Stress. Daher müssen sich Verkäufer ausreichend Zeit nehmen, um herauszufinden, was der Kunde wirklich will und braucht. Sollte ein Kunde einen Fehlkauf tätigen, weil er die falschen Voraussetzungen und Bedürfnisse für sich erkannt hat, sind nur die wenigsten Kunden bereit, hierfür die Verantwortung zu übernehmen. Statt „Ich habe falsch eingekauft" werden tendenziell enttäuschte Kunden „Die haben mir etwas falsches verkauft" sagen – und den Verkäufer um eine Lösung bitten.

4. **Reklamationen sind nie auszuschließen**
Reklamierende Kunden sollte man nicht belehren. Denn
Kunden wollen keine Belehrung, sondern eine Lösung.
Bekommen Kunden nach der Reklamation Informationen, weshalb sie bspw. ein Produkt falsch bedient
haben, empfinden sie es als Belehrung. Gibt man ihnen
aber vorher die entsprechenden Tipps, wie sie Erfolg
haben werden, empfinden sie es als Beratung.

5. **Lob des Kunden annehmen**
Verkäufer sollten sich nicht unnötig klein machen, wenn
ihnen der Kunde für ihre Hilfe dankt. Beispielsweise mit
Sätzen wie „Dafür bin ich ja da". Denn dann verpufft
das Lob des Kunden. Besser ist es, ehrlich zum Kunden
zu sagen „Wissen Sie, ich gebe zu. Es war nicht ganz
leicht, noch 12 Stück für Sie zu bekommen. Doch für Sie
habe ich das gerne getan." Dann nimmt der Kunde das
Engagement auch nicht als Selbstverständlichkeit hin.

6. **Stopp sagen können**
Angriff ist die beste Verteidigung. Erst recht dann, wenn
sich zeigt, dass Kunden, denen man den kleinen Fin-
ger gibt, nicht nur die Hand nehmen, sondern den Arm
gleich mit. Darum muss vom Verkäufer ein Grundsatzge-
spräch geführt werden, wie man gemeinsam zukünftig
vorgehen möchte, wenn wieder Fall x eintritt.

7. **Mit Stress wird manipuliert**
Tut beispielsweise ein Kunde so, als ob er durch einen
Fehler eines Verkäufers unnötigen Stress hatte, dann
verspricht sich dieser davon Vorteile – beispielsweise,
dass er beim nächsten Auftrag „einen gut hat". Ein
Kollege kann aber auch Stress inszenieren, um seiner
Führungskraft zu verdeutlichen, dass dieser „ihn in der
Hand hat" – und ihn bitte nicht noch weitere Aufgaben
zuweisen soll.

8. **Es muss auch mal Ruhe sein**
Wer immerzu an seine Arbeit denken muss, egal ob
positiv oder negativ, läuft Gefahr, das Entspannen
irgendwann zu verlernen. Ist diese Fähigkeit erst einmal

verloren gegangen, ist es für viele Betroffene sehr
schwer, sich diese wieder anzueignen. Darum sollte
öfter bewusst entspannt werden: Handy aus und raus
aus dem Arbeitsalltag. Beispielsweise könnte ein Außendienstmitarbeiter sein Auto parken und ein paar Minuten durch den Wald gehen – und sich bewusst an der
Natur erfreuen.

9. **Die inneren Stimmen akzeptieren**
   Durch die Erziehung haben Menschen unterschiedlich
   intensiv ausgeprägte Antreiber, wie beispielsweise „Sei
   perfekt!", „Beeil Dich!", „Sei stark!" oder „Du musst
   anderen gefallen!". Dies führt zu Druck von innen.
   Diese Antreiber können, wenn sie sehr stark ausgeprägt
   sind, zu einer großen Belastung führen. Nämlich dann,
   wenn man zu der Erkenntnis kommt, dass sie einem
   manchmal hinderlich sind, aber eine innere Stimme
   einen dennoch dazu zwingt, dem Antreiber zu folgen.
   Wichtig ist, diese innere Stimme zum einen anzuneh-
   men – sie ist eben da. Aber sich auch zu erlauben, ggf.
   dieser nicht zu folgen. Beispiel: Statt „Ich muss noch die
   Statistik machen, obwohl es schon 23.30 Uhr ist" vielleicht „Ich schreibe jetzt auf, dass ich morgen die Statistik mache, da es dann immer noch rechtzeitig fertig ist."

10. **Annehmen, was nicht änderbar ist.**
    Auch wenn es leichter gesagt als getan ist: Warum
    ärgert man sich überhaupt über einen Stau? Davon
    geht er schließlich auch nicht weg. Manche Dinge sind
    einfach nicht änderbar. Darum ist die lösungsorientierte
    Haltung: „Ich mache einfach das Beste draus" hilfreich.
    Und so könnte man beispielsweise während des Staus
    die Zeit nutzen, um über die Freisprechanlage mit Kolle-
    gen zu besprechen, wie die nächste Verkaufsaktion opti-
    mal platziert werden kann.

4.10 Die Achtsamkeits-Falle

Viele nehmen erste Warnsignale des Körpers nicht ernst, oft erst zu spät.

Manchmal hat der Beruf den Menschen „gefangen". Man kann nur noch an die Arbeit denken. Egal ob beim Essen, beim Fernsehen – oder auch bei Gesprächen mit anderen. Man versucht zwar, zuzuhören, aber irgendwie blitzen alle paar Minuten doch wieder irgendwelche Stimmen von Kunden, Kollegen oder Vorgesetzten auf. Das Gefühl der Schuld tritt ein. Das führt bei manchen dazu, dass sie sich schlecht fühlen, weil sie jetzt gerade nicht arbeiten.

Viele Menschen sind sehr emotionslos bzw. verkopft. Das kann für manche Situationen ganz hilfreich sein. Aber der Mensch ist ein Wesen mit Gefühlen und Bedürfnissen. Wenn diesen über einen längeren Zeitraum nicht entsprochen werden, verlernt der Körper das Entspannen. Doch wer gute Leistung bringen will, muss auch entspannen können. Wer aber im beruflichen Leben aufgrund von Misserfolgen keinen Spaß mehr verspürt, und zunehmend auch im Privatleben weniger zu lachen hat, läuft Gefahr, bald krank zu werden.

Der Anti-Stress-Trainer rät:

1. **Hin und wieder Spaß im Leben muss sein**
   Wenn die Arbeit permanent keinen Spaß macht, leidet meist auch das Privatleben darunter. Darum ist es gut, genau zu überprüfen, woran es liegt, falls man nicht gerne zur Arbeit geht. Liegt es am Betriebsklima, an bestimmten Kunden oder vielleicht an dem eigenen Arbeitgeber und/oder seinen Angebot, hinter dem man nicht zu 100 % stehen kann? Wer hier in die schriftliche Analyse geht, schafft für sich Klarheit – und kann Maßnahmen ergreifen. Wie gehen Kollegen mit der Situation um? Warum sollte sich etwas von alleine ändern? Was kann man als Betroffener konkret unternehmen? Mit wem kann darüber gesprochen werden? Wer kann bei der Problembewältigung helfen?

2. **Freie Zeiten planen**
   Häufig haben Verkäufer keine geregelten Arbeitszeiten. Dies sorgt innerhalb mancher Familien für Spannungen. Wichtig ist, Zeiten zu planen – sowohl für sich alleine, als auch für seine Familie/Freunde. Wenn das soziale Umfeld rechtzeitig über arbeitsintensive Phasen und deren Ende informiert wird, können sich alle Beteiligten besser darauf einstellen.

3. **Hobbys und Abwechslung helfen**
   Auch für Privatleben muss Zeit sein. Im Idealfall findet
   man Hobbys, die einem derart gefallen, dass man während ihrer Ausübung seine Arbeit vergisst. Denn Freizeit
   ist arbeitsfreie Zeit.

4. **Ernährung darf nicht zur Nebensache werden**
   Wer im Stress ist, ernährt sich häufig ungesund. Eine
   typische Ursache ist, dass man vor lauter Arbeit sein
   Hungergefühl nicht spürt, und dann plötzlich aufgrund
   von Heißhunger das nächstbeste Ernährungsangebot
   wahrnimmt: Imbiss, Kiosk, Schnellrestaurant, Bäckerei,
   Süßigkeiten, Kaffee. Nichts spricht dagegen, sich auch
   hin und wieder „ungesund" zu ernähren. Doch die Häu-
   figkeit und Dauer wird oft zum Problem. Also warum
   nicht bewusst „gute" Ernährung zur Arbeit mitnehmen?
   Wer eine volle Flasche Mineralwasser zur Arbeit bringt,
   kann konstant sehen, wie viel er bereits tatsächlich
   getrunken hat. Viele denken nämlich, sie würden ausreichend trinken – tun es aber doch nicht. Mögliche Ziel-
   setzung: Morgens die volle Flasche mitbringen, abends
   die leer getrunkene wieder mitnehmen.

5. **Zeit für die Seele finden**
   Mentaltraining und Entspannungstechniken kommen
   für viele nicht infrage. Dafür gibt es unterschiedliche
   Gründe. Manche möchten sich nicht blamieren, andere
   haben Angst, keinen Zugang zu sich zu finden. Weitere
   schieben vor, dass sie für so was keine Zeit haben. Aber
   warum nicht einfach mal konsequent etwas ausprobieren, und sich dabei selbst besser kennenlernen? Progres-
   sive Muskelentspannung, autogenes Training oder Yoga
   wird fast überall angeboten. Beispielsweise in der Volks-
   hochschule.

6. **Wie würde das Vorbild reagieren?**
   Vorbilder können helfen, gewisse Dinge beherzt anzugehen. Doch letztlich ist jeder Mensch anders. Und bei
   manchen Vorbildern sieht es im Inneren anders aus, als
   man als Außenstehender denkt. Darum ist es gut, sich
   durchaus von anderen inspirieren zu lassen – aber für

sich einen Weg zu finden, der mit seinen eigenen Werten übereinstimmt.

7. **Manche Dinge müssen einfach getan werden**
Das Selbstwertgefühl kann gesteigert werden, indem man mit der Haltung „Ich gebe mein Bestes" statt „Hoffentlich kriege ich das irgendwie hin" an neue oder auch schwierige Sachen rangeht.

8. **Austausch mit den richtigen Menschen**
Es ist eine Illusion zu glauben, dass es ein problemloses Leben geben kann. Das Leben stellt immer wieder neue Aufgaben, die es zu bewältigen gilt – um daran zu wachsen. Darum ist es für das Selbstwertgefühl besser sich mit Menschen auszutauschen, die sich fragen, wie etwas gelöst werden könnte, statt mit Menschen, die gar nicht lösen wollen, sondern nur jammern und klagen möchten.

9. **Auf die innere Stimme hören**
Ehrlichkeit und Aufmerksamkeit im Umgang mit sich selbst hilft, sein eigenes Maß zu finden – und sich nicht zu überfordern. Wichtig ist, auf körperliche Warnsignale zu hören – und eventuell einen Gang runterzuschalten, oder etwas Neues im Arbeitsalltag auszuprobieren. Denn viele Wege führen auch zur Jahreszielerfüllung, man muss nur den richtigen für sich finden.

10. **Mit dem größten Stressor anfangen**
Was ist denn derzeitig der größte Stressor? Wie kann dieser reduziert werden? Welche Möglichkeiten gibt es? Wer kann dabei helfen? Wie haben andere diese Situation bewältigt? Sollte es keine Möglichkeit geben, diese Stressor zu mildern – was kann dann schlimmstenfalls passieren?

5

Ein Leben jenseits der Fallen

Es ist normal, dass Verkäufer einem gewissen Leistungsdruck unterliegen. Entscheidend ist nun, wie jeder Betroffene damit umgeht. Hin und wieder mal ein bisschen
Druck und Stress ist normal – und gehört zum Leben
dazu. Permanenter Stress dagegen ist nicht gut. Darum
ist es wichtig, dass Sie schauen, an welchen Stellschrauben
Sie drehen können, um eine gute Balance für sich selbst
zu finden. Zahlreiche Ideen haben Sie von mir in diesem
Buch bekommen.

Wichtig ist, dass Sie keine Wunder von heute auf morgen erwarten. Sie haben jahrelang gebraucht, um so zu
werden, wie Sie jetzt sind. Da kann man dann nicht von
heute auf morgen erwarten, dass man sich in gewissen
Bereichen sofort komplett verändert. Fangen Sie am besten mit einem der zahlreichen Tipps an und setzen Sie
diesen konsequent um. Und wenn Sie nach zwei oder

© Springer Fachmedien Wiesbaden GmbH 2017
O. Schumacher, *Der Anti-Stress-Trainer für Vertriebler,*
DOI 10.1007/978-3-658-12477-9_5

drei Wochen merken, dass Sie die neue Verhaltensweise in Ihren Alltag integriert haben – Sie es also tun, ohne darüber nachzudenken – dann fangen Sie mit dem nächsten Punkt an.

Vergessen Sie darüber hinaus auch nicht, dass Verkaufen die Chance auf Persönlichkeitsentwicklung pur ist. In kaum einem anderen Beruf hat man es mit so vielen unterschiedlichen Menschen und Situationen zu tun. Somit bietet Ihnen der Beruf des Verkäufers viele Gelegenheiten, um Neues auszuprobieren, sich und andere besser kennenzulernen – und damit von Ihrer Persönlichkeit her zu wachsen. Wenn Sie es also schaffen, den Beruf des Verkäufers als Chance, statt als Belastung zu verstehen, dann werden Sie leichter und besser Ihren Alltag bewältigen – mit weniger Stress. Und kommt dann doch mal (wieder) eine ungeplante Situation, dann freuen Sie sich, dass Sie wieder eine Gelegenheit haben, Dinge beim Schopf zu packen – und daran zu wachsen. Berücksichtigen Sie bitte: Sie haben schon vieles gemeistert, warum also nicht auch die neue Situation?

Ich wünsche Ihnen gute Verkaufserfolge

Ihr

Oliver Schumacher

Weiterführende Literatur

Mai J (2007) Stress ohne Ende. Wirtschaftswoche 2007(12):96–108

Pilz-Kusch U (2012) Burnout – Frühsignale erkennen – Kraft gewinnen. Beltz, Weinheim

Schumacher O (2012) Schluss mit halben Sachen im Verkauf – So handeln Top-Verkäufer. BusinessVillage, Göttingen

Schumacher O (2015) Preise durchsetzen, 2. Aufl. GABAL, Offenbach

Schumacher O (2015) Was viele Verkäufer nicht zu fragen wagen – 100 Tipps für bessere Verkaufsresultate im Außendienst, 3. Aufl. Springer Gabler, Wiesbaden

Schumacher O (2016) Verkaufen auf Augenhöhe: Wertschätzend kommunizieren und Kunden nachhaltig überzeugen – ein Workbook, 3. Aufl. Springer Gabler, Wiesbaden

Schumacher O, Lehmann P (2017) Mehr Erfolg in der Beauty-Branche – Wie Sie leichter verkaufen und besser führen, 2. Aufl. Top Hair international, Gaggenau

Trilling T (2012) Druck und Stress im Vertrieb positiv nutzen – So steigern Sie berufliche Performance und Lebensqualität. Springer Gabler, Wiesbaden

© Springer Fachmedien Wiesbaden GmbH 2017
O. Schumacher, *Der Anti-Stress-Trainer für Vertriebler,*
DOI 10.1007/978-3-658-12477-9

Printed in the United States
By Bookmasters